Beiträge zur Frühförderung interdisziplinär
Band 5:
**Autonomie und Dialog –
kleine Kinder in der Frühförderung**

Autonomie und Dialog – kleine Kinder in der Frühförderung

Herausgegeben von der
Vereinigung für Interdisziplinäre Frühförderung e.V.

Ernst Reinhardt Verlag München Basel

Beiträge zur Frühförderung interdisziplinär

Herausgegeben von Dr. Martin Thurmair
Seidlstraße 4, D-80335 München
(Arbeitsstelle Frühförderung Bayern)

Titelphoto: Ernst Reinhardt Verlag

Deutsche Bibliothek – CIP-Einheitsaufnahme

Autonomie und Dialog : kleine Kinder in der Frühförderung /
Jürgen Kühl (Hrsg.). Beitr. von Renate Brandt ... – München ; Basel :
E. Reinhardt, 1999
 (Beiträge zur Frühförderung interdisziplinär ; Bd. 5)
 ISBN 3-497-01496-6

© 1999 by Ernst Reinhardt, GmbH & Co KG, Verlag, München

Dieses Werk, einschließlich aller seiner Teile, ist urheberrechtlich geschützt. Jede Verwertung außerhalb der engen Grenzen des Urheberrechtsgesetzes ist ohne schriftliche Zustimmung der Ernst Reinhardt, GmbH & Co KG, München, unzulässig und strafbar. Das gilt insbesondere für Vervielfältigungen, Übersetzungen in andere Sprachen, Mikroverfilmungen und für die Einspeicherung und Verarbeitung in elektronischen Systemen.

Printed in Germany

Inhalt

Vorwort 7

Jürgen Kühl:
Junge Kinder in der Frühförderung – Entwicklung zwischen Beeinträchtigung
und Autonomie 11

Renate Brandt:
Gedanken zur Entwicklung der subjektiven Wirklichkeit des Säuglings
und ihre Bedeutung für die früheste Förderung 20

Rainer Hoehne:
Erwartungen an Therapien und die Schwierigkeiten, sich darüber zu verständigen 29

Hille Viebrock:
Pädagogik und Therapie in der frühen Förderung aus der Sicht
einer Bobath-Therapeutin 35

Gisela Ritter:
Handlungsorientiertes Arbeiten in der Bobath-Therapie 40

Alfons Welling:
„Essen und Trinken" im frühen Kindesalter – Therapie und Förderung
im Alltag des Kindes 48

Heike C. Schnoor:
Die Bedeutung früher Interaktionen zwischen Mutter und Kind als Basis
langfristig wirksamer Beziehungsmuster 62

Mauri Fries:
Babys, die sich nicht beruhigen lassen – Auswege für Eltern und Babys
in der lösungsorientierten Kurzzeittherapie 70

Claudine Calvet-Kruppa, Ute Ziegenhain, Bärbel Derksen:
Kinder mit Down-Syndrom: Entwicklungspsychologische Elternberatung 80

Patricia Champion:
Die Begleitung sehr früh geborener Kinder von der Intensivstation
durch das erste Lebensjahr 87

Sachregister 96

Verzeichnis der Autorinnen und Autoren 98

„Ich suche Freunde",
sagte der kleine Prinz:
„Was heißt ‚zähmen'?"
„Das ist eine in Vergessenheit geratene Sache",
sagte der Fuchs.
„Es bedeutet ‚sich vertraut machen'."…
„Aber wenn du mich zähmst,
werden wir einander brauchen.
Du wirst für mich einzig sein in der Welt.
Ich werde für dich einzig sein in der Welt."

                                          Antoine de Saint-Exupéry

Vorwort

Der Ausgangspunkt zu diesem Buch waren drei Workshops und daran anknüpfend eine Tagung am 30.11.1996 in Hannover, veranstaltet von der „Ländervereinigung Nord der Vereinigung für interdisziplinäre Frühförderung" zum Thema *„Früheste Förderung – Herausforderung in der Praxis, Anforderung an die Theorie"*. Im Mittelpunkt standen Fragen der Interdisziplinarität in der Arbeit mit jungen Kindern und ihren Familien. Die Beiträge zu dieser Tagung wurden durch weitere Arbeiten ergänzt mit dem Ziel, einen breiteren Überblick über „kreative Dialoge" zu schaffen, wie sie zunehmend in der interdisziplinären Frühförderung rezipiert und praktiziert werden.

Die Weiterentwicklung der Paradigmen, die für die Arbeit der Frühförderung handlungsleitend geworden sind, wie partnerschaftliche Zusammenarbeit mit den Eltern, systemische Sichtweise und Subjekt-Orientiertheit, stellen einerseits die Orientierung der Arbeit an „Methoden" in Frage. Sie lassen andererseits in bezug auf Säuglinge und junge Kinder noch viele Fragen offen. Die Besonderheiten in dieser Arbeit lassen sich in mehrfacher Hinsicht präzisieren:

1. Ein Säugling oder junges Kind kann aus seiner psychischen Konstitution heraus bewußt noch keine Zielvorstellungen entwickeln, die zur therapeutischen oder pädagogischen Vorgehensweise in Beziehung gesetzt werden könnten.
2. Das Kind ist jedoch kein passiver „Rezipient" von Anregungen und Stimulation, sondern – wie geschädigt auch immer – autonom in der Konstruktion seiner individuellen Wirklichkeit, die in alltäglichen Austauschprozessen mit der Umwelt ihre Grundlage hat.
3. Das Kind entwickelt sich in eine (familiäre) Umwelt hinein, aus der heraus es seine sozialen und kulturellen Werte und Bedeutungen begründet.

Für die konkrete Arbeit läßt sich daraus ableiten, daß der Säugling und das junge Kind im kognitiven Sinne kein Wissen um ein „Ich" und keine Zukunftsvorstellungen haben. Dennoch handelt das Kind auf der Basis von Erfahrungen, die es in interaktionellen Zusammenhängen gesammelt und ständig erweitert hat, die ihm situationsgebunden zur Verfügung stehen. Für die Fachleute der unterschiedlichen Professionen bedeutet diese Sichtweise, das *dialogische* Geschehen (sowohl zwischen den Fachleuten und dem Kind wie zwischen dem Kind und seinen Angehörigen und letztlich zwischen Fachleuten und Eltern sowie im interdisziplinären Austausch) und damit die Bedeutung der kindlichen Äußerung in den Mittelpunkt der Diagnostik und insbesondere der therapeutischen Planung zu stellen. Dabei geht es wesentlich um das Bemühen, die Bedeutsamkeit einer bestimmten geplanten Tätigkeit für das Kind zu antizipieren.

Ausgehend von der Prämisse, daß der Säugling auch vor der Symbolbildung ein kompetenter und autonomer Dialogpartner ist, bedeutet *Professionalität* in einer solchen Sichtweise zunächst, daß es sich immer um die Begegnung zwischen zwei Menschen handelt, in der das „Handwerkszeug" der Professionellen als Medium in der Interaktion im Sinne der Bedeutungsbildung relevant ist. Das „Handwerkszeug" als methodisches Handeln muß also in jeder Situation in Frage gestellt werden und sich entsprechend verändern.

Die Lebenswelt der Familie stellt den Rahmen der alltäglichen Interaktionen des Kindes dar. *Professionalität* bedeutet in einem weiteren Schritt, diese Entwicklungsbedingungen des

Kindes kennenzulernen und zusammen mit der Familie die vorhandenen Ressourcen zu entdecken und weiterzuentwickeln.

Der einführende Beitrag von *Jürgen Kühl* entwickelt eine theoretische Grundlage diagnostischen und therapeutischen Handelns auf der Basis neurophysiologischer und konstruktivistischer Erkenntnisse und kommt dabei zu folgendem Schluß: „Frühförderung muß eine Zusammenschau des schöpferischen Potentials des Kindes an erster Stelle und der Hindernisse in Kooperation und Kommunikation an zweiter Stelle leisten ... Wir können ein Kind nicht ändern, aber wir können ihm und seiner Familie gemeinsam den Weg ebnen, sein Potential auszuschöpfen. In der Akzeptanz dieser seiner Fähigkeiten können wir dazu beitragen, daß es seine Beziehungen zu seiner spezifischen Mitwelt selbst definiert und als bedeutungsvoll erlebt."

Renate Brandt setzt sich aus pädagogisch-psychologischer Sicht mit „Gedanken zur subjektiven Wirklichkeit des Säuglings und ihre(r) Bedeutung für die früheste Förderung" auseinander. „Seine Kompetenz liegt in der Bewältigung seines Alltags, er kann sein Überleben aktiv selbst regulieren in Abhängigkeit von einer haltenden Umwelt, die ihn bei allen existenzsichernden Tätigkeiten aktiv unterstützt." Ihre Aussage „Fähigkeiten sind Ergebnisse gelebter Beziehungen" wird in den psychologisch orientierten Beiträgen dieses Buches mit konkretem Inhalt lebendig.

Rainer Hoehne sucht in der Vielfalt dessen, was als Therapie angesehen wird, nach Kriterien, die handlungsleitend sein könnten. Er stellt dem herkömmlichen Modell von Therapie, auf der Basis neuerer neurophysiologischer Erkenntnisse, ein Modell II von Entwicklung gegenüber. Er wendet sich gegen eine „Reparaturmentalität" und leitet daraus die Maxime ab, die therapeutische Vorgehensweisen begründen. Therapeutinnen fühlen sich verpflichtet, „das Kind mit seinen Alltagsbedürfnissen und -wünschen, aber auch mit Alltagsproblemen in den Mittelpunkt zu stellen", und „das wichtigste Instrument der Therapie (ist) die Therapeutin in ihrer zwischenmenschlichen Kontaktfähigkeit".

Wie lassen sich die beschriebenen Sichtweisen und methodisches Handeln miteinander in Bezug setzen? *Hille Viebrock* stellt sich der Frage nach dem Verhältnis von „Pädagogik und Therapie in der frühen Förderung aus der Sicht einer Bobath-Therapeutin". Sie sieht die Einheit von Bewegung und Wahrnehmung im Mittelpunkt, als „das Medium für Lernprozesse in diesem Alter, allerdings bedürfnis- und motivgeleitet, zielbezogen, emotional bewertet und eingebunden in einen sozialen Kontext". Daraus leitet sie konsequent die Notwendigkeit einer Verknüpfung zwischen pädagogischem und therapeutischem Handeln ab, das methodische Vorgehen eingebunden als Unterstützung der Bewegungsmöglichkeiten in die Ganzheit bio-psycho-sozialen Seins.

Die geforderte Einbindung in den sozialen Kontext mag theoretisch und abstrakt erscheinen. Wie diese Einbindung – dialogisch – gestaltet sein kann, wird von *Gisela Ritter* in einer Behandlungssequenz verdeutlicht. Handlungsorientiertes Arbeiten in der „Therapie kann sich nur vollziehen, wenn die Handlungen des Kindes und der Therapeutin aufeinander abgestimmt werden und damit zu gemeinsamem kooperativen Handeln werden" und „je besser es gelingt, das fachliche Wissen und Können der Therapeutin in den Dienst der von Plänen, Zielen und Werten des Kindes geleiteten und vom Kind selbst initiierten Handlungen zu stellen, desto mehr Aussicht besteht darauf, die selbstorganisierenden Kräfte des Kindes zur Erweiterung seiner eigenen Handlungsfähigkeit zu mobilisieren".

Der allseits geforderte Alltagsbezug von Diagnostik und Therapie wird von *Alfons Welling* mit dem Thema „Essen und Trinken – Förderung und Therapie im Alltag des Kindes" in dieser Fokussierung bearbeitet. Er rückt die „physiologische Notwendigkeit" aus scheinbarer Selbstverständlichkeit oder Nebensächlichkeit in das Licht der Aufmerksamkeit. Diese Notwendigkeit ist die eine unbezweifelbare Seite. „Inwieweit kann das Kind seinen Eß- und Trinkhandlungen im Alltag Bedeutung zumessen?" Die andere Seite der Bedeutsamkeit ist begründet in den Interaktionen des Kindes in seinen sozialen Bezügen und deren kulturellen Rahmen. Therapie und Förderung, die sich hieran orientieren, können wesentlich zu dieser Bedeutungsbildung beitragen.

„Die sozialisierende Funktion früher Interaktionen zwischen Mutter und Kind" wird von *Heike C. Schnoor* mit der detaillierten Beschreibung des dialogischen Beziehungsgefüges zwischen Mutter und Kind dargestellt. Zugleich weist sie auf die Labilität dieser Beziehung im Austausch mit geschädigten Kindern hin und sensibilisiert damit den Blick für die beobachtbaren Dialoge. „Man kann feststellen, daß ein Übermaß an Dialogstörungen beim Kind Reaktionen gegen diese Behinderungen hervorruft und Zusammenstöße und Dialogabbrüche zwischen beiden Partnern provoziert." Für Mitarbeiterinnen und Mitarbeiter in der Frühförderung besteht hier ein Bereich, der der differenzierten Aufmerksamkeit bedarf.

Störungen der Dialoge zwischen jungen Kindern und ihren Bezugspersonen treten offenbar häufig auf. Zunehmend wird über sogenannte „schwierige Säuglinge" berichtet, ob als behindert diagnostiziert oder nicht. Dialogabbrüche können zu einer Dekompensation des familiären Gleichgewichts führen und damit problematische Folgen für die weitere Entwicklung nach sich ziehen. Seit Anfang der 90er Jahre werden zunehmend Interventionsstrategien entwickelt, um „eine Entgleisung der Kommunikation aufzuhalten bzw. zu verhüten und die Blockierungen der intuitiven elterlichen Verhaltensbereitschaften zu erkennen, um sie zu reduzieren bzw. zu beseitigen". *Mauri Fries* entwickelt in ihrem Beitrag an eindrucksvollen Beispielen die Möglichkeiten von Kurzzeittherapie.

Was von Heike C. Schnoor allgemein, aber auch speziell für Kinder mit Down-Syndrom beschrieben wurde, richtet sich als Beratungsangebot von *Claudine Calvet-Kruppa, Ute Ziegenhain* und *Bärbel Derksen* gezielt an Eltern von Kindern mit Down-Syndrom. Kurze prägnante Beispiele veranschaulichen die oben beschriebenen Dialogabbrüche. „Wir haben in unserer Praxis die Erfahrung gemacht, daß sich Mißverständnisse im Lesen der Signale des Kindes mit Down-Syndrom schneller im frühen Alter auflösen lassen. Eltern werden aktiv in der Auseinandersetzung mit der Behinderung unterstützt, indem sie auf die Kompetenzen der Kinder hingewiesen werden. Sie entwickeln zunehmend Spaß an der Interaktion mit dem Kind."

„Last not least" hat die spezielle Situation von frühgeborenen Kindern, insbesondere sehr jungen frühgeborenen Kindern, bis hier keine gezielte Berücksichtigung gefunden. Schwierigkeiten des Dialogaufbaus werden in zunehmendem Maße auch für die Frühförderung diskutiert. Ein Blick auf die andere Seite des Globus führt uns abschließend zu dem von *Patricia Champion* geleiteten „Champion Center" in Christchurch/Neuseeland. Frau Champion setzt sich alltäglich mit dem Problem der „biologischen Vulnerabilität" und der zugleich bestehenden Notwendigkeit auseinander, zu „lernen ein Mensch zu sein". Sie beschreibt eingehend, was sie als grundlegend für eine ganzheitliche und familienfokussierte Sicht von kindlicher Entwicklung betrachtet. Die Arbeit mit den Eltern sehr früh geborener Kinder hat das Ziel, einen Rahmen zu schaffen, das „emotionale Baby" ebenso kennenzulernen wie den Umgang mit dessen körperlicher Fragilität. „Augenblicke wechselseitigen Treffens" von Mutter und Kind werden als Aufbau sich entfaltender Dialoge angebahnt, um „innere Welten miteinander zu teilen".

Die in den Beiträgen aus je unterschiedlicher professioneller Sicht dargestellte Analyse von kindlichem Leben und kindlicher Entwicklung und deren Förderung orientiert sich an

Erkenntnissen von Selbstorganisation, Subjektspezifität und systemischem Verständnis. Diese Sichtweisen finden sich ebenso in Veröffentlichungen der Sozialpädiatrie des letzten Jahrzehnts. In der Zusammenschau der Beiträge wird deutlich, daß sich der Weg interdisziplinären Austauschs besonders deswegen lohnt, weil Fragen des professionellen Selbstverständnisses in neuem Licht auftauchen und uns als Herausforderung davor bewahren, Bekanntes und damit Gelerntes als unumstößlich anzusehen. Dabei werden Gemeinsamkeiten erkennbar, die die Konkurrenzen unterschiedlicher methodischer Ansätze relativieren, weil diese im Team auf ihren Wert hinsichtlich der Bedeutungsbildung überprüft werden müssen. Interdisziplinarität ist also mehr als die Vereinbarung über Vorgehensweisen, sie ist vielmehr gemeinsame Fokussierung auf die Inhalte und Qualitäten wechselseitiger Dialoge mit dem jungen Kind und seiner Familie wie auch im Team und die Reflexion über deren Bedeutung für die kindliche Entwicklung.

Bremen, im Februar 1999   Jürgen Kühl

Junge Kinder in der Frühförderung – Entwicklung zwischen Beeinträchtigung und Autonomie

Von Jürgen Kühl

Kinder kommen in die Frühförderung, wenn bei ihnen aus vielfältigen Gründen eine Gefährdung der Entwicklung vermutet wird. Therapeutische und pädagogische Kompetenz von Fachleuten soll in Partnerschaft mit den Bezugspersonen ihren Beitrag für eine möglichst „optimale" Entwicklung leisten. Über das *Wie* dieser Arbeit herrscht auch unter Fachleuten keineswegs Übereinstimmung, im Gegenteil, der „Markt der Möglichkeiten" ist fast unübersehbar, so daß kaum jemand einen Überblick hat. Diese Vielfalt hat sehr unterschiedliche Wurzeln, die man aufspüren könnte. Das soll hier nicht geschehen. Im Mittelpunkt der folgenden Ausführungen soll ein wesentlicher Aspekt von Entwicklung eingehend untersucht werden, nämlich der, daß *jedes Kind ein autonomer Mensch* ist. Therapie und Pädagogik, die sich einer solchen Grundannahme verpflichtet sehen, haben möglicherweise weniger Verständigungsschwierigkeiten. Damit könnte einer größeren Übersichtlichkeit in der Vielfalt ein Weg aufgezeigt werden.

Ausgangspunkt jeglicher Therapie oder Frühförderung eines Kindes ist eine wie auch immer geartete Auffälligkeit, im Sinne der Erkenntnistheorie als „Defizitdiagnose" ausgedrückt, als sogenannte „Entwicklungsverzögerung" oder „Verhaltensauffälligkeit" bis zu einer hirnorganisch oder biochemisch begründeten präzisen Diagnose. Wenn eine im medizinischen Sinne kausale Behandlung nicht möglich ist, bleiben mit der Diagnose zwei Fragen allermeist ungeklärt, nämlich:

1. Welche Bedeutung haben diese „Defizite" im Rahmen der Gesamtentwicklung?
2. Welche Bedeutung haben die diagnostizierten „Defizite" eines Kindes für seine aktuelle Handlungsfähigkeit bzw. seine Integration in sein soziales Umfeld, in seinen Alltag?

Auf diese Fragen gibt es keine allgemeinen Antworten. Die Herausforderung besteht in der Tatsache, daß die seit Jahren in Bereichen der Förderung und Therapie von Kindern zunehmende Vielfalt der Vorgehensweisen das einzelne Kind mit seinen Problemen und Fähigkeiten eher aus dem Blickfeld geraten läßt zugunsten einer oder mehrerer „Methoden", die die Probleme angeblich lösen könnten.

Um der Herausforderung der beiden gestellten Fragen gerecht zu werden, muß m. E. zunächst der Hintergrund der Vorgehensweisen von Diagnostik und daraus abgeleitet Therapie oder Förderung genauer betrachtet werden. Zunächst stellt sich in diesem Zusammenhang folgende Frage:

1. Wie geht Diagnostik in der Regel vor, und wie werden dabei die Beziehungen eines Kindes zu seiner Umwelt erfaßt?

Die üblicherweise – und nicht nur von Ärzten – angewandte Diagnostik, sei sie neuropädiatrisch oder testdiagnostisch, bemüht sich darum, *an der Person des Kindes* bestimmte Phänomene zu entdecken und insbesondere zu objektivieren. So wird sogar die soziale Entwicklung, losgelöst vom individuellen Beziehungsgefüge und der Lebensgeschichte, *am Kind festgemacht*. Die erstellte Diagnose erfaßt dabei lediglich die Probleme des Kindes in der diagnostischen Situation.

Diese Vorgehensweise klammert die Tatsache aus, daß sich *jede* Äußerung eines Kindes – ob im Alltag oder im diagnostischen Setting – in sozialen Zusammenhängen vollzieht und *für das Kind* nur auf dieser Ebene Gültigkeit hat. Daraus ergeben sich Konsequenzen:

1. Das Kind wird durch den jahrelang trainierten diagnostischen Blick der unterschiedlichen Experten zum Objekt gemacht. Indem ein Diagnostiker bestimmte Bilder oder Theorien als Hintergrund seiner Interpretationen heranzieht, bleibt die Interpretation derselben Situation durch das Kind selbst fremd, weil es sich um eine eingleisige Informationssammlung handelt. Dabei wird aus dem Verhalten auf das System rückgeschlossen.
2. Kein Beobachter, der sich mit einem Kind beschäftigt, ist ein Neutrum, sondern er begibt sich in einen sozialen Bezug zu einem Kind, gleich was er macht und wie er die Beobachtung interpretiert.
3. Die Beobachtungsergebnisse könnten als verwirklichte Dialogsituation mehr wert sein als das angeblich objektive Herausfiltern von pathologischen Befunden oder Entwicklungsdaten. Diese subjektive und einmalige Beziehung und deren Chancen in einer solchen Situation werden unterbewertet.

Wie könnte die Beobachterrolle neu definiert werden? Dazu muß folgende Frage näher untersucht werden:

2. Welche Mittel stehen einem Kind zur Verfügung, seine Beziehung zur Umwelt zu bestimmen?

Jeder lebende Organismus verwirklicht sich selbst nur im kontinuierlichen Austausch mit seiner Umwelt. Daß das auch für Menschen gilt, ist spätestens seit den dramatischen Beobachtungen von René Spitz bekannt, die belegen, daß das Leben jedes menschlichen Individuums existentiell auf den Austausch mit seinen Mitmenschen angewiesen ist.[1] Hieraus ergeben sich zwei Schlußfolgerungen:

1. Wir sind als Spezies Mensch, wie alle lebenden Organismen dieses Globus, in die Bedingungen eingebunden, unter denen wir leben; wir sind also ein Teil der Natur und ihren „Gesetzen" unterworfen.
2. Wir entwickeln menschliche Eigenschaften nur unter Menschen. Haben wir diese Möglichkeit nicht, kann das tödliche Folgen haben (wie Spitz es eindrücklich beschrieben hat).

Diese angesprochenen Austauschprozesse zwischen Individuen und ihrer Mitwelt lassen sich auf zwei elementare und zugleich universelle biologische Phänomene reduzieren. Wir beziehen „Leben" wesentlich auf die *Beweglichkeit* des lebenden Organismus. Diese ist aber undenkbar ohne das zugleich existierende, aber „unsichtbare" Phänomen *Reizbarkeit*. Der Organismus reguliert ihr Zusammenwirken als Einheit.

Unter „Reizbarkeit" oder auch „Erregbarkeit" versteht man die Eigenschaft des Lebendigen, Bedingungen bzw. Veränderungen der Bedingungen des äußeren Milieus – der Umwelt – zu registrieren. Entscheidend ist, daß eine Struktureigenschaft des Organismus in der Lage ist, diese Reize aufzunehmen, d.h. die Qualitäten der Umwelt in bezug zu sich selbst zu identifizieren und die Beziehung gegebenenfalls zu verändern. Das ist in elementarem biologischem Verständnis überlebensnotwendig.

Diese Veränderung geschieht durch „Bewegung" innerhalb des Systems, in dem die Reize registriert werden, und stellt somit nur die andere Seite der Medaille dar. Dieses System befindet sich permanent in einem labilen Gleichgewichtszustand, der in ständiger Wechselwirkung zwischen Reizbarkeit und Beweglichkeit aufrechterhalten wird. Mit diesen beiden Eigenschaften verwirklicht jede Spezies in Gestalt sogenannter Strukturveränderungen die ihr entsprechende Organisation, die zunächst ontogenetisch der Erhaltung des individuellen Lebens und phylogenetisch der Erhaltung der Art dient, hier verbunden mit dem ebenso elementaren biologischen Phänomen der Fortpflanzung. In einer solchen „organismischen Sicht" ist der Mensch ein Ganzes, dessen Elemente erst aus dem Zusammenwirken ihre Bedeutung erhalten, in dem Sinne, daß Veränderungen einzelner Elemente im Gesamtsystem Auswirkungen haben, die auf den Ausgangspunkt zurückführen. Dieses Modell wird in seiner weiterentwickelten wissenschaftlichen Theorie auch als „autopoietisch", d. h. sich selbst erzeugend, sich selbst erschaffend, bzw. als „Autopoiese" definiert.[2]

Die Verknüpfung von Reizbarkeit und Beweglichkeit als Einheit organisiert das Nervensystem. Die Erfassung dessen, was wir als unsere „Außenwelt" ansehen, geschieht durch die Reizbarkeit unserer Sinnesorgane. Gleichgültig, ob es sich um das Registrieren chemischer, optischer oder akustischer Signale oder Bewegungsabläufe handelt. Die Sinnesorgane zerlegen die registrierten Signale in die „uniforme Sprache des Nervensystems", nämlich bioelektrische Impulse, die unter Einbeziehung der „Neurotransmitter" von Zelle zu Zelle weitergeleitet werden. Das Gehirn ist instrumentell so organisiert, daß es die Signale analysiert und mit seinen Mitteln interpretiert. So entsteht eine Hypothese der Außenwelt, die tätig, d. h. durch Bewegungshandeln, permanent in Frage gestellt und bestätigt wird. Das bedeutet, die Beziehung zu einer „realen Welt" – so es sie denn gibt und wie immer sie gestaltet sein mag – beruht auf einer vom Gehirn jedes einzelnen Menschen konstruierten virtuellen Welt. Letztere kann nur so beschaffen sein, wie es die Sinnesorgane, die Bewegungsfähigkeiten, die Bearbeitungsmöglichkeiten des Gehirns und die individuelle Entwicklung in der je spezifischen Umwelt zulassen. Das bedeutet – in wenigen Worten ausgedrückt – daß es sich hier immer um das handelt, was jeder einzelne Mensch für sich als „Wirklichkeit" erlebt, und an der er primär nicht zweifelt. Sie ist der Ausdruck seiner Beziehungen.

Daß uns „unsere Wirklichkeit" so sicher erscheint, ist offenbar auf die Fähigkeit unseres Gehirns zurückzuführen, die uniformen Impulse lokalisatorisch so zu interpretieren, daß sich in der Entwicklung eine erlebnismäßige Trennung zwischen „Körper" und „Außenwelt" differenziert. „Außenwelt" könnte dabei mit der Interpretation verbunden sein, Bewegungen Widerstand entgegenzusetzen, also eine andere sensorische Rückkopplung, kinästhetisch ein anderes Gefühl hervorzurufen als freie Bewegungen des Körpers oder Bewegungen der Gliedmaßen miteinander oder gegeneinander. Diese motorische Bestätigung einer Grenzziehung zwischen „Körper" und „Außenwelt" führt offenbar dazu, daß die Signale der sogenannten Fernsinne als „Wirklichkeit" und damit auch als Basis der kognitiven Welt angesehen werden.[3] Dementsprechend bedeutet der Begriff „Wirklichkeit" das individuelle Konstrukt eines individuellen Gehirns, entstanden in Wechselwirkung mit dem, was wir Menschen als „Realität" bezeichnen. Diese Wirklichkeit ist wandlungsfähig in unendlich fließenden Austauschprozessen als jeweils ureigene Lebensgeschichte. Diese Wandlungsfähigkeit wirft eine weitere Frage auf:

3. Wie gelingt es einem Kind, mit fortschreitender Entwicklung diese Beziehung zwischen sich selbst und seiner Umwelt insoweit zu differenzieren, daß es zunehmend komplexe Situationen erkennen und bewältigen kann?

Wir alle leben in Netzwerken von Beziehungen. Das Kind bestimmt seine Beziehungen zu den Personen seines Umfeldes und deren Tätigkeiten mit den Mitteln, die ihm auf seinem Entwicklungsniveau zur Verfügung stehen. Es kann sich dabei auf die Interpretation aller derjenigen Signale beziehen, denen als Sinnesqualitäten im Zentralnervensystem eine *Bedeutung* zugemessen wird. Nur auf dieser Basis können sich Kooperation und Kommunikation entfalten. Das gleiche gilt natürlich umgekehrt für die jeweiligen Kommunikationspartner. Ein sich Verstehen kann dementsprechend nur entstehen, wenn zwischen zwei Personen ein Bereich existiert, dem die je individuellen Gehirne eine vergleichbare Bedeutung zumessen, von Maturana „konsensueller Bereich" genannt.[4] Hiermit wird deutlich, daß die Beziehung zwischen dem Säugling bzw. dem jungen Kind und seiner Mitwelt kein Reiz-Reaktions-Geschehen ist, sondern im Sinne der Selbstregulation vom Kind aus seiner Bedürfnislage heraus *aktiv* gesteuert wird, die Bedeutungsbildung hierin eingebettet ist.

Bedeutung entsteht nur dann, wenn bestimmte Handlungszusammenhänge zwischen dem Kind und seiner Umwelt Netzwerke von Neuronen im Zentralnervensystem herstellen, die im Sinne von Gedächtnisbildung verankert werden. Diese sind grundsätzlich veränderungs- und erweiterungsfähig. Dieser Prozeß des Aufbaus von strukturellen Zusammenhängen beginnt schon früh in der intrauterinen Entwicklung. Er wird anderenorts auch als Systemogenese bezeichnet.[5]

Ein bei *Roth*[6] entnommenes Schema verdeutlicht, wie dieser unendliche Fluß der Bedeutungsbildung lebenslang organisiert ist.

Im wesentlichen geschieht die Bedeutungsbildung als eine Bewertung der eingehenden Signale durch das Limbische System. Diese Bewertung erfolgt in einer Wechselwirkung permanenter Vergewisserung zu den Netzwerken von Neuronen, die das Gedächtnis darstellen. Dort sind – wie bereits beschrieben – Hypothesen über die Beziehung des Individuums zu seiner Umwelt gespeichert. Auf dieser Basis entstehen, moduliert durch die Aufmerksamkeitssteuerung in der Formatio reticularis, neue Tätigkeitsimpulse.

Die Tätigkeitsimpulse von Säuglingen und kleinen Kindern werden überwiegend von elementaren Bedürfnisinhalten gesteuert. Anders ausgedrückt, der konsensuelle Bereich zwischen den erwachsenen Bezugspersonen und dem Kind entfaltet sich auf einer anderen Ebene als zwischen zwei Erwachsenen. Das ist überlebenswichtig für das Kind, und bei uns Er-

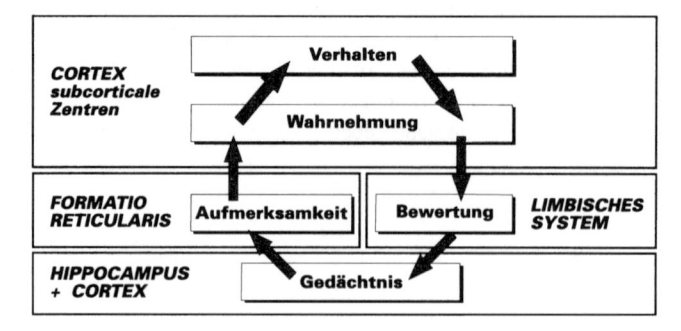

Abb.: Kreislauf zwischen Verhalten, Wahrnehmung, Bewertung, Gedächtnis, Aufmerksamkeit und Wahrnehmung (Roth, 1995)

wachsenen – Frauen und Männern – ist diese Möglichkeit der Kommunikation zumindest in ihren Grundstrukturen biologisch verankert, wie die Untersuchungen von Mechthild und Hanus Papoušek belegen[7], und wie sie Maturana als charakteristisch für „matristische Kulturen" bezeichnet.[8]

Die wechselseitige Beziehungsaufnahme erfolgt im kontinuierlichen Austausch von Signalen der Berührung, der Intonation und der Widerspiegelung einfachster Tätigkeiten. Wir als Erwachsene wissen im kognitiven Sinne nicht, wie das Kind diese Beziehungen für sich als „seine Wirklichkeit" interpretiert. – Wir wissen, daß sie in Netzwerken von Neuronen im Sinne „prozeduralen Lernens" verankert werden und damit ihre Bedeutung gewinnen. Wir glauben zu wissen, daß diese Beziehungen die tragenden Emotionen aufbauen, die das weitere Leben eines Kindes und alle seine gegenwärtigen und zukünftigen Tätigkeiten mitbestimmen. Sie sind darüber hinaus die Voraussetzung, um in die symbolische Kommunikation mit anderen Menschen hineinzuwachsen. Hierin wird zugleich deutlich, daß jede Tätigkeit und ebenso jede Sprachtätigkeit auf diesen frühen, vorsprachlichen emotionalen Hintergrund aufbauen, d.h. untrennbar davon sind.

Entwicklung bedeutet aber nicht, daß sich kontinuierlich, quasi lexikalisch, einzelne Gedächtnisinhalte *quantitativ* ansammeln, die zur Bewertung herangezogen werden. Die Organisation des Gehirns gibt die Möglichkeit ihrer Speicherung vor, sie werden jedoch zu komplexen sich *wandelnden Strukturen qualitativ* zusammengefaßt. Im biologischen Sinne handelt es sich bei diesem Prozeß der Selbstregulation um einen „autonomen" Prozeß, weil der Austauschprozeß in den Einzelschritten seines Ablaufes nicht von außen gesteuert werden kann, sondern sich auf der Grundlage der inneren Logik entfaltet. Nach Maturana und Varela ist ein System autonom, „wenn es dazu fähig ist, seine eigene Gesetzlichkeit beziehungsweise das ihm Eigene zu spezifizieren".[9] Die innere Logik ist das Ergebnis der gelebten Beziehungen, auch als „Beziehungswirklichkeit" zu verstehen. Diese innere Logik jedes einzelnen Menschen, repräsentiert durch die sich wandelnden Strukturen, auf der Grundlage einer vorgegebenen Organisation, in permanenter Wechselwirkung mit der Umwelt, macht die Einmaligkeit jedes Individuums aus.[10] Hieraus ergibt sich eine weitere Frage, jetzt die Frühförderung betreffend:

4. Wie gestaltet sich dieser Prozeß bei Kindern, deren Entwicklung auf Grund unterschiedlicher innerer oder äußerer Faktoren beeinträchtigt ist?

Kinder, die zu Beginn oder im Verlaufe ihrer frühen Kindheit in ihrer Entwicklung durch eine organische Schädigung eingeschränkt sind, organisieren ihre Beziehungsaufnahme zu ihren Bezugspersonen und zu ihrer Umwelt mit ihren vorhandenen organischen Ressourcen und sind dabei gleichermaßen auf die Qualität der Interaktion der Bezugspersonen mit dem Kind angewiesen. Auf dieser Grundlage gestalten *alle* Kinder *aktiv* ihre Beziehungen. Die Bewertung der aufgenommenen sensorischen Signale und ihre Bedeutungsbildung erfolgt im Rahmen der möglichen Ausbildung von Hirnstrukturen durch den Aufbau von Netzwerken. Über die individuellen Interpretationen der Beziehungen des jeweiligen Kindes wissen wir nichts. Dazu verhilft keinesfalls der unmittelbare Nachweis eines Schadens oder Defizits. Der kann uns allenfalls einsichtig machen, welche Signale sicher nicht zur Verfügung stehen. Daraus ergibt sich aber keinesfalls im Umkehrschluß eine „defekte" Interpretation der Wirklichkeit. Es ist die *individuelle Wirklichkeit* des geschädigten Kindes. Sie ist aktiv im Sinne der Selbstregulation und auf der Grundlage der Organisation entstanden, die dem jeweiligen Organismus zur Verfügung steht. Ihre Strukturen sind im Rahmen der Beziehung zur Umwelt in ständigem Fluß. Auf diese Beziehung ist jedes Kind bio-psycho-sozial existentiell angewiesen. Die Wirklichkeitskonstruktion eines Kindes – ob geschädigt oder nicht geschädigt – ist die einzig mögliche unter seinen jeweiligen inneren und äußeren Bedingungen. Daraus ergibt sich eine wesentliche Schlußfolgerung. *In diesem beschriebenen Sinne gibt es aus der Perspektive des einzelnen Kindes keine „Pathologie". Sie ist das Ergebnis unserer Erkenntnistheorie.* Damit ist nicht zugleich gesagt, daß diese Erkenntnisse bedeutungslos seien, aber es ist ein anderer Zugang notwendig. Damit ist eine weitere Frage aufgeworfen.

5. Welche Möglichkeiten sind denkbar, sich der Wirklichkeitskonstruktion eines Kindes, auch eines geschädigten Kindes, anzunähern?

Dabei muß von zwei Prämissen ausgegangen werden:
1. Wenn ein Kind im Sinne von Maturana als „autonomes lebendes System" angesehen wird, ist *keine der wie auch immer vermittelten Verhaltensweisen oder Äußerungen eines Kindes ohne Sinn*. Ob ein außenstehender Mensch, ein Experte seines Faches, deren Sinn entschlüsseln kann, ist eine zweite Frage.
2. In Kooperation und Kommunikation drückt das Kind seine Interpretation der Beziehungsdynamik aus. Das geschieht mit den Mitteln der Motorik. Die Wahrnehmungen und deren Verarbeitung sind „unsichtbar". Kann sich unsere Neugier dem annähern, was hinter den Bewegungen des Kindes verborgen ist?

Als Kinderärzte beobachten und analysieren wir Bewegungen oder Bewegungsmuster als *Funktion,* und ordnen sie als „normal", als „pathologisch" oder als dem „chronologischen Alter" eines Kindes nicht entsprechend ein. In welchem Kontext diesen Bewegungen weitere Bedeutung zukommen mag – der individuelle und lebensgeschichtliche Hintergrund dafür – bleibt außen vor.

In der Gestaltung jeder Beziehung liegt das eigentliche schöpferische Potential eines Kindes. Die „motorische Funktion" ist, unabhängig von ihrer Qualität, das notwendige, gestalterische Mittel dazu. Die Analyse der Einbindung von Bewegungen in die sozialen Beziehungen ist jedoch nur unter Beachtung der Bedingungen möglich, unter denen sie bedeutsam werden, nämlich der personellen wie auch der räumlich-zeitlichen und materiellen.

Als Beobachter kann ich mich der Motorik jenseits der Funktionen auf drei weiteren Ebenen annähern:

1. Die Ebene der Tätigkeit: Das Kind mißt einer bestimmten inneren Bedürfnislage im Bezug zur „Außenwelt" eine Bedeutung zu. Diese wird zum Motiv, tätig zu werden, d. h. genauer, zu Gegenständen und zu Menschen in Beziehung zu treten. Diese Beziehungsaufnahme gestaltet das Kind mit den ihm zur Verfügung stehenden Mitteln. Es bezieht sich dabei auf die Erfahrungen, die es mit unterschiedlichen Funktionen – auch schon intrauterin – gemacht hat, und macht neue Erfahrungen.

2. Die Ebene der Kompetenz: Die Tätigkeiten im eben beschriebenen Sinne werden zunehmend zu einem Teil der Wirklichkeitskonstruktion des Kindes. Als *Kompetenz* integriert und erkennbar werden sie, wenn das Kind sie zunehmend gezielt als seine Fähigkeiten nutzt und damit gestalterisch Kooperation und Kommunikation mitbestimmt. In diesem Sinne verstanden, bedeutet der Begriff „*Kompetenzen*" alle Fähigkeiten, mit denen das Kind in bezug zu seiner Umwelt tätig wird und Antworten der Umwelt wiederum in seine Tätigkeit umsetzt.

3. Die Ebene der Autonomie: Die Kompetenzen eines Kindes, die es in unterschiedlichsten Alltagssituationen anwendet, sind die Voraussetzung dafür, zwischen der Außenwelt und dem eigenen Organismus zunehmend unterscheiden zu können. Dabei wird einerseits ein differenziertes Selbst-Konzept aufgebaut und andererseits die innere „Wirklichkeit" der „Außenwelt" zunehmend komplexer. In diesem Zusammenhang ist *„Autonomie"* ein Prozeß, der die Kompetenzen beschreibt, sich eigenaktiv gegenüber der Umwelt zu verhalten und sich gleichzeitig von ihr abgrenzen zu können. Ein *Ich*-Gefühl kann sich nur in dem Spannungsgefüge von Abhängigkeit und Unabhängigkeit entfalten. Autonomie – in diesem Sinne angewandt – ist ebenso, wie für Kompetenzen beschrieben, insoweit etwas Relatives, als auch sie immer nur in bezug zur jeweiligen Situation erkennbar wird.

In dieser Sichtweise, dem Versuch, Bewegungsabläufe jenseits ihrer Funktion auf drei weiteren Ebenen im Kontext der psychosozialen Zusammenhänge zu verstehen, liegt die große Chance, mehr vom einzelnen Kind selbst zu erfahren, zugleich über seine Interpretation der „Beziehungswirklichkeit". Grundlegend wichtig ist dabei die Feststellung, daß Tätigkeit, Kompetenz und Autonomie keine absoluten Größen oder gar „Endprodukte eines Reifungsprozesses" darstellen, sondern von Beginn des Lebens an koexistieren. Sie sind Qualitäten, die wir im Rahmen sich selbst regulierender Prozesse ausmachen können, wenn wir sie im o. g. Sinne beachten. Sie sind biologisch verankert, wandeln und differenzieren sich im kontinuierlichen Fluß der Entwicklung. Insoweit steht ein mehr biologisch verstandener Autonomiebegriff, wie er hier entwickelt wurde, nicht in Widerspruch zu einer psychologisch verstandenen Konzeption von Unabhängigkeit, Selbständigkeit und Eigengesetzlichkeit. Solche Qualitäten werden in aller Regel aber erst bei Kindern nach erkennbarer Entwicklung eines eigenen *Ich* angenommen.

Zusammenfassend kann also festgestellt werden: Jenseits einer auf die Erfassung von Funktionen und Dysfunktionen orientierten Diagnostik stellt sich die Frage nach gestaltbaren Wegen, Verständnis für die „Wirklichkeit" eines Kindes zu gewinnen. Wir können dabei auf die Beobachtung der Motorik zurückgreifen, wie sie in allen Aktivitäten eines Kindes erkennbar wird, müssen uns ihr jeweils im Rahmen konsensueller Bereiche, der Kooperation und der Kommunikation annähern. Wir selbst und die jeweilige Umgebung sind immer ein Teil der „Wirklichkeitskonstruktion" des Kindes, und „unsere Wirklichkeit" ist ebenso ein Konstrukt. Liegt hier ein Schlüssel zum einander Verstehen – sicher begrenzt, spekulativ und subjektiv, aber ist das weniger wert?

Auch wenn die „Wirklichkeitskonstruktion" eines Kindes unteilbar ist, entfalten sich ihre Strukturen langsam zu größerer Komplexität. Die vorgeschlagene Sichtweise mag für den Beobachter eine Hilfe sein, den konsensuellen Bereich zu orten, auf dem er mit einem Kind interagiert. Hier ist das noch einmal in knappe Worte gefaßt, nicht als Hierarchie zu verstehen, sondern als Konstrukte auf unterschiedlichen Deutungsebenen:

Funktion	– Sinneswirklichkeit
Tätigkeit	– Bedürfniswirklichkeit
Kompetenz	– soziale Wirklichkeit
Autonomie	– *Ich*-Wirklichkeit

Aus einer solchen Annäherung an die Beziehung des Kindes zu seiner Lebenswelt und einer dort angesiedelten Analyse von Kooperation und Kommunikation ergeben sich für die Frühförderung weitergehende Fragen:

6. Welchen „Einfluß" haben wir als Fachleute auf die Entwicklung, und welche Konsequenzen können daraus für die Tätigkeit in der Frühförderung abgeleitet werden?

Wenn ich ein Kind, wie beschrieben, als Konstrukteur seiner Wirklichkeit ansehe und darüber hinaus feststellen muß, daß es diese nur im kontinuierlichen Fluß von Austauschprozessen mit seinen Mitteln und in seiner spezifischen und einmaligen Umwelt herstellt, ergibt sich die Schlußfolgerung, daß eine direkte und vor allem gezielte Einflußnahme auf die weitere Differenzierung der Wirklichkeit eines Kindes nicht möglich ist, sondern allenfalls eine indirekte. Das wäre die Konsequenz der von Maturana beschriebenen „Strukturdeterminiertheit lebender Systeme".[11]

Folglich wird ein Kind als Person diskriminiert, wenn mit Begriffen wie „Störung", „Funktionsstörung" oder „Leistungsstörung" operiert wird. Das Kind ist nicht „gestört". Was als „gestörte Funktion" oder gar „gestörte Leistung" am Kind festgestellt wird, ist aus der Perspektive der „Wirklichkeit" eines Kindes seine einzig bedeutungsvolle Bezugnahme zur Mitwelt. Das heißt nicht, daß diese Kategorien im sozialen Kontext belanglos sind. Sie bedürfen aber einer veränderten Einordnung, die präzisiert werden muß.

Die Entwicklung eines Kindes wird durch seine Aktivität und sein schöpferisches Potential als autonome Gestaltung seiner Beziehungen im Sinne der Selbstregulation bestimmt. Wie immer dieser Prozeß beschaffen sein mag, er kann sich nur produktiv in einer Umwelt entfalten, in der auf der Grundlage der *Akzeptanz des Kindes als Person* in konsensuellen Bereichen für beide Seiten bedeutungsvolle Austauschprozesse ablaufen können.

Wir leben, wie alle Menschen, unter spezifischen tradierten soziokulturellen Bedingungen, die den Lebensalltag bestimmen. Die Erwachsenen sind die Begleiter der Kinder, die in diesen Kulturraum hineinwachsen. In diesem Lebensalltag, in der zunehmenden Übernahme von kulturell geprägten Formen von Kooperation und Kommunikation, entfalten organische Schädigungen ihre Bedeutung als „Symptome", „Probleme", „Hindernisse" oder „Störungen".

Frühförderung muß eine Zusammenschau des schöpferischen Potentials des Kindes an erster Stelle und der Hindernisse in Kooperation und Kommunikation an zweiter Stelle leisten. Es geht in der Arbeit der Frühförderung und aller in ihr tätigen Fachleute darum, daß ein Kind die Bedingungen vorfindet, sein Potential in Kooperation und Kommunikation in konsensuellen Bereichen zu differenzieren. Dazu ist jede und jeder von uns als einzigartiger Mensch im diagnostischen Prozeß aufgefordert. Frühförderung müßte demzufolge für uns Fachleute unterschiedlicher Professionen heißen, daß wir einerseits unsere persönliche wie fachliche Sichtweise als *unsere* Konstruktion der Wirklichkeit anzusehen lernen. Andererseits kann diese dann sinnvoll eingesetzt werden, wenn wir uns mit anderen Fachleuten darüber verständigen können, wie die *Bedingungen zwischen einem Kind und seiner Mitwelt gestaltet und veränderbar* sind. Folglich besteht die gemeinsame Aufgabe darin, die Bedingungen zu entdecken, die geschädigten Kindern Möglichkeiten bieten oder größere Freiheitsgrade zur Verfügung stellen, ihr schöpferisches Potential als Kompetenzen in der Kooperation und Kommunikation neu und anders einzusetzen und zu erleben, d. h. *der vorhandenen Autonomie Raum verschaffen*. In dieser Sichtweise fordert uns interdisziplinäre Zusammenarbeit heraus, *unsere Wege des Erkennens – sowohl die individuellen als auch die fachlichen – miteinander auszutauschen* und nicht mit therapeutischen Rezepten zu konkurrieren.

Wir können ein Kind nicht ändern, aber wir können ihm und seiner Familie gemeinsam den Weg ebnen, sein Potential auszuschöpfen. In der Akzeptanz dieser seiner Fähigkeiten können wir dazu beitragen, daß es seine Beziehungen zu seiner spezifischen Mitwelt selbst definiert und als bedeutungsvoll erlebt. Darin liegt eine wesentliche Voraussetzung, daß das Kind Gefühle entwickeln kann, die wir Erwachsene als Zufriedenheit und Selbstvertrauen bezeichnen. Diese zu erleben kann für Eltern ebenso zu wachsender Zufriedenheit im gemeinsamen Leben mit dem Kind beitragen.

Anmerkungen

[1] Vgl. Spitz, René: Die Entstehung der ersten Objektbeziehungen. Stuttgart 1973[(3)], insbesondere S. 111–122
[2] Vgl. Varela, Francisco J.:Autonomie und Autopoiese. In: Schmidt, Siegfried J. (Hrsg.), Der Diskurs des Radikalen Konstruktivismus. Frankfurt 1987, S. 119–132
[3] Vgl. Roth, Gerhard: Das Gehirn und seine Wirklichkeit. Frankfurt/M. 1995[(2)], S. 282
[4] Der Begriff „konsensuell" kann als einer der Leitbegriffe des genannten Buches angesehen werden: Maturana, Humberto R., Varela, Francisco J.: Der Baum der Erkenntnis. Bern und München 1987
[5] Anochin, Pjotr K.: Beiträge zur allgemeinen Theorie des funktionellen Systems. Jena 1978, S. 171
[6] Roth, Gerhard: Das Gehirn und seine Wirklichkeit. Frankfurt/M. 1995[(2)], S. 220
[7] Vgl. Papoušek, Mechthild und Hanus: Intuitive elterliche Früherziehung in der vorsprachlichen Kommunikation, I. Teil: Grundlagen und Verhaltensrepertoire. Sozialpädiatrie 12 (1990), S. 521–527
[8] Vgl. Maturana, Humberto R., Verden-Zöller, Gerda: Liebe und Spiel. Die vergessenen Grundlagen des Menschseins. Heidelberg 1994[(2)], S. 27–30
[9] Maturana, Humberto R., Varela, Francisco J.: Der Baum der Erkenntnis. Bern und München 1987, S. 55
[10] Zu „Organisation" und „Struktur" siehe insbesondere: Die Organisation des Lebendigen. In: Maturana, Humberto R. und Varela, Francisco J., a. a. O., S. 39–79
[11] ebenda, ab S. 134

Gedanken zur Entwicklung der subjektiven Wirklichkeit des Säuglings und ihre Bedeutung für die früheste Förderung

Von Renate Brandt

Kooperation mit Kindern setzt voraus, daß deren individuelle Kompetenzen erkannt und geachtet werden. Eine zentrale Frage steht dabei im Mittelpunkt:

Wie organisiert jeder Säugling, jedes Kleinkind seine eigene Entwicklung – eine Entwicklung, die zu jedem Zeitpunkt Sinn ergibt – in einer sozialen Umwelt, die diesen Sinn nur allzuoft nicht anerkennen will, die statt dessen bewertende Unterscheidungen wie: „gestört", „problematisch", „auffällig", „abweichend", „behindert"... trifft?

Vereinfachende Modelle von Entwicklung helfen da nicht weiter, in der Praxis schaden sie nur (Jetter 1990). Ein differenziertes theoretisches Wissen deckt erst auf, wie menschenverachtend und jeder Entwicklungslogik Hohn sprechend negative Beurteilungen menschlicher Ausdrucksmöglichkeiten sind. Jeder Mensch entwickelt sich zu einer unverwechselbaren Persönlichkeit nur im kontinuierlichen Austausch mit seiner sozialen, dinglichen und natürlichen Umwelt. In diesem Austausch konstruiert sich der Mensch seine Wirklichkeit, schafft er sich seine Bedeutungen.

Solange ein Mensch lebt, ist er erkenntnisfähig, autonom in seiner Selbstgestaltung und dabei zugleich abhängig in seinem sozialen Umfeld. Dies alles sind keine neuen Erkenntnisse, es sind Erkenntnisse der humanistischen Psychologie, des Konstruktivismus (hier vor allem Piaget, Maturana). Für die Praxis bedeuten sie immer wieder eine Herausforderung.

In der Frühförderung führt die Auseinandersetzung mit der konstruktivistischen Sichtweise von Leben und Entwicklung immer wieder zu einem neuen Nachdenken über die eigene Rolle, zu einem neuen Nachdenken über kindliche und familiäre Selbstgestaltungskräfte, die im Widerspruch zu standardisierten Entwicklungstabellen stehen. Diese Entwicklungstabellen verführen dazu, individuelle Entwicklung als statistisch erfaßbar, von außen beurteilbar, planbar zu begreifen. Diese Gedanken sollen im weiteren vertieft werden.

1. Der Prozeß der individuellen Entwicklung

Entwicklung ist subjektive Bedeutungsbildung – lebenslang. Eine kleine Geschichte vorweg, die Maturana in seinem Buch „Was ist Erkennen" berichtet (1984, 123 f.):

> Seine Frau sucht eines Tages schwerbepackt in Santiago ein Taxi, sie findet einen Wagen, öffnet die Tür und bittet, zu einer bestimmten Adresse gefahren zu werden. Sie steigt ein, der Wagen fährt los. Nach der Ankunft fragt sie den Fahrer, was sie ihm schulde, worauf der erwidert: „Nichts gnädige Frau, dies ist kein Taxi!" – und doch war sie sich sicher gewesen, ein Taxi angehalten zu haben.

Von *René Magritte* stammt aus dem Jahr 1928/29 ein Bild, auf dem wir eine in dunklen Farbtönen gehaltene Pfeife erkennen, darunter ist zu lesen: „Ceci n'est pas une pipe." (Dies ist keine Pfeife.)

Bedeutungsbildung ist Ausdruck von Lebenserfahrung, ist Ergebnis gelebter Beziehungen, Ergebnis aktiver Austauschprozesse. Wie kommen Austauschprozesse zustande? Dies ist zugleich die Frage, was Leben letztendlich kennzeichnet.

Das Gelingen der Interaktion zwischen Individuum und Umwelt ist auf zwei elementare Fähigkeiten alles Lebendigen zurückzuführen, es sind dies die Fähigkeiten zur Erregbarkeit und Beweglichkeit (Maturana/Varela 1991).

Erregbarkeit (oder Reizbarkeit) ist die eine Grundvoraussetzung jedes Lebewesens, Eigenschaften, Qualitäten, Veränderungen in der Umwelt und im Körperinneren zu registrieren. Entscheidend für jeden Organismus ist es, diese Qualitäten für sich zu bemerken, sozusagen im Einverständnis und auf der Basis bereits entwickelter Fähigkeiten, um daraufhin Beziehungen zur Umwelt und zu sich selbst zu verändern. Diese Veränderung geschieht durch Bewegung, durch motorische Aktivitäten, Ortsveränderungen, um Nahrung aufzunehmen, Gefahren zu vermeiden, Kontakte herzustellen ... (Kühl 1995). Erregbarkeit und Bewegung sind Grundbedingungen dafür, daß jeder Organismus seinen Stoffwechsel in einer für ihn tauglichen Umwelt regulieren kann, daß individuelle biologische und psychische Strukturen mit Außenbedingungen interagieren können, daß es zur Strukturkoppelung von innen und außen kommt (Maturana/Varela 1991).

Diese Fähigkeit zur Selbstregulierung gewährleistet ein dynamisches Gleichgewicht zwischen Individuum und Umwelt, ein Gleichgewicht, das lebenslang immer wieder hergestellt werden muß.

Strukturkoppelung in einer nie gleichbleibenden Umwelt bedeutet Weiterentwicklung individueller Fähigkeiten, führt z. B. zu Gedächtnis, Bewußtsein und bedeutet zugleich Einflußnahme auf Umweltbedingungen: das ist Erkenntnis und Veränderung auf beiden Seiten (Praschak 1993).

Zum Strukturbegriff:
In dem hier vorgestellten Theorieverständnis sind Strukturen das Ergebnis bisher gelebter Beziehungen, das Resultat eines zurückgelegten Entwicklungsweges, das neues Verhalten ermöglicht (Maturana/Piaget).

Die Saugfähigkeit eines gerade geborenen Säuglings z. B. ist als komplexes Verhaltensmuster das Ergebnis vielfältiger vorgeburtlicher Entwicklungen, das Ergebnis der Beziehungen des Fötus zu seiner intrauterinen Welt bezogen auf das Zusammenwirken von taktiler Empfindlichkeit der Lippen, Mundbeweglichkeit, Atmung u. v. m. Jede Saugfähigkeit hat eine individuelle Geschichte.

Schon elementarste Prozesse der Wahrnehmungstätigkeit, die pränatal beginnen, sind selbstorganisierte Prozesse, sie beruhen auf Interpretationsprozessen, d. h. daß Lebewesen keine Informationen aus der Außenwelt übernehmen oder schlicht abbilden. Um ein Bild zu gebrauchen: Unsere Sinne sind keine Tore, durch die Erkenntnis einfallen kann. Umweltbedingungen sind notwendige Störungen – sie sind Anlässe für unser Nervensystem, sich damit auseinanderzusetzen, diese Störungen in eine systemeigene Sprache zu übersetzen, um daraus subjektive Bedeutung abzuleiten. Die durch eigene Aktivitäten hervorgebrachten Informationen gestalten die weiteren Umweltbeziehungen.

Diese Zusammenhänge werden noch einmal herausgestellt, weil sie so grundlegend für eine den Menschen achtende Praxis sind: Leben ist dadurch gekennzeichnet, daß auf der individuellen Seite Fähigkeiten vorhanden sind (biologische, psychische, soziale), die mit der Umwelt in Interaktion treten können, daß auf der Seite der Umwelt Situationen und Lerngegenstände dergestalt vorhanden sein müssen, daß sie vom Individuum verarbeitet werden können.

Um subjektive Wirklichkeit zu konstruieren, bedarf es eines autonomen, sich selbst regulierenden Nervensystems in einer sozialen, gegenständlichen Umwelt, die eine psychische Verarbeitung erst möglich werden läßt. Soziale Vermittlungsprozesse sind notwendig, damit das einzelne Individuum seine subjektiven Bedeutungen gestalten kann. Das Bewußtsein einer subjektiven Wirklichkeit ist an soziale, kulturelle Symbole gekoppelt (Seiler 1994).

Menschen reagieren sehr wohl auf das, was Ihnen begegnet, aber ausnahmslos in der Art und Weise, wie sie strukturiert sind. Daraus sollen zwei Konsequenzen abgeleitet werden:

1. Leben ohne Beziehung ist nicht denkbar. Jede Lebensäußerung ist der Ausdruck gelebter Beziehung, jede Lebensäußerung macht Sinn für den, der diese Äußerung zeigt. Auch der schwerstgeschädigte Mensch kann auf der Grundlage seiner sensomotorischen Fähigkeiten alltägliche Probleme bewegungs- und wahrnehmungsgebunden lösen, wenn seine Umwelt ihm eine für ihn verstehbare Kooperation anbietet.
2. Durch Kooperation und soziale Vermittlung können individuelle Möglichkeiten erweitert werden, Veränderungen jedoch können von außen nur angeregt werden, es können Bedingungen neu gestaltet werden, nicht aber kann ein außenstehendes System ein anderes instruieren bzw. direkt manipulieren (Maturana).

Der Annahme einer direkten Beeinflussung liegt ein mechanistisches Verständnis zugrunde. Keiner kann für sich den Besitz von Wahrheit reklamieren, den Anspruch erheben, die richtige Therapie z. B. zu beherrschen, bei der der Therapiebedürftige nur wollen muß, damit gewünschte Ergebnisse sich auch einstellen.

Das Wissen um diese Zusammenhänge stellt hohe Anforderungen an unsere Beobachtungsfähigkeit, macht uns im Umgang mit Menschen viel bescheidener, läßt uns hellhörig werden bei jedem Versuch, Prognosen zu stellen. Wir wissen alle, daß zwischen Theorie und täglicher Praxis oft Welten liegen. Jeder Mensch schafft sich seine Bedeutungen, die nur für einen Außenbeobachter richtig oder falsch sein können, für den jeweiligen Menschen sind sie notwendig und sinnvoll. Auf diesem Hintergrund soll nun auf einige Aspekte der subjektiven Wirklichkeit von Säuglingen eingegangen werden.

2. Selbsterfahrung und Kompetenz des Säuglings sind Fähigkeiten zum Dialog

Ein Säugling kann, sobald er nach der Geburt über pränatal erworbene Fähigkeiten verfügt, Unterscheidungen treffen, er ist zu Selbstempfindungen in der Lage, die seinen Bezug zur Welt differenzieren.

Im konstruktivistischen Verständnis aktiviert jeder Säugling diese Fähigkeiten in subjektiver Weise, sie sind lebenswichtig, sie sind die Grundlage jeden Dialoggeschehens. Dieser Aspekt der Säuglingserfahrung soll im Mittelpunkt der Betrachtung stehen, um daraus Überlegungen für eine sehr frühe Förderung geschädigter Säuglinge zu entwickeln.

Postnatale Fähigkeiten haben eine Vorgeschichte. Hier nur ein kurzer Blick auf eine von vielen bedeutsamen, pränatal erworbenen Erfahrungen, die nach der Geburt entscheidend dazu beiträgt, eine Brücke in eine ungewohnte Umwelt zu bilden:

Eine sehr frühe Erfahrung sind unterschiedliche Rhythmusformen, die der Fötus aus seiner Umwelt aufnimmt, mit seinen Möglichkeiten verarbeitet und zu seiner Wirklichkeit macht. Da ist der Herzschlag der Mutter, ihre Atmung, ihre Stimme, da sind ihre Körpergeräusche ... die als akustische und Vibrationserfahrungen aufgenommen werden und im fötalen Gedächtnis gespeichert werden.

Wir ahnen inzwischen, welche Entbehrungen ein gerade geborener Säugling erleiden muß, wenn ihm diese vertrauten Rhythmen abrupt entzogen werden. Rhythmizität ist der große Fundus, der während der Schwangerschaft schon in fötaleigenen Fähigkeiten wie Schlaf-Wach-Rhythmus, Daumenlutschen, Eigenatmung, Lageveränderung des Körpers u. a. m. Ausdruck findet, der nachgeburtlich weiter ausgebaut wird (Bürgin 1982).

Entwicklungsbiologische Erkenntnisse zeigen den Fötus fähig, Merkmale seiner Umwelt in sein System aufzunehmen, in eigener Weise zu verarbeiten, erste Erfahrungen zu speichern und darauf mit Bewegungen zu antworten. Leben zeigt sich hier in den elementaren Prozessen der Erregbarkeit und Bewegung. Das Neugeborene ist ein individueller Mensch mit einer intrauterinen Vergangenheit, seine Fähigkeiten sind das Ergebnis gelebter Beziehungen während der Schwangerschaft.

Mit vorgeburtlich subjektiv herausgebildeten Handlungsplänen (Saug-Greif-Sehplan ...) regelt der Säugling seinen Zugang zu seiner Wirklichkeit. Diese Fähigkeiten stabilisieren und erweitern sich, wenn sie von Beginn an mit Spuren subjektiver Bedeutung gekoppelt werden können, wenn sie auf ein soziales Echo treffen, das für den Säugling verstehbar ist (Wohlfahrt 1993).

Erkennen erwächst aus Beziehungen, Beziehungen sind immer dialogisch, sie vollziehen sich zwischen einem Selbst und einem Anderen – wie rudimentär existent beide Seiten auch sind. Die Vorerfahrungen des Neugeborenen sind die Basis seiner Dialogfähigkeit, er zeigt sie uns vielfältig, wir müssen seine Signale allerdings entschlüsseln können. Den nächsten Bezugspersonen gelingt dies in der Regel recht gut, wie die eindrucksvollen Untersuchungen von Papoušek & Papoušek dokumentieren.

Dialogfähigkeit von Anfang an stellt die Frage nach einem Wissen um ein Selbst vor einem Symbol- und Sprachverständnis, vor jeder Selbstreflexion. In diesem Zusammenhang spricht Stern (1993) von einem „Auftauchenden Selbst", darunter versteht er das Empfinden einer im Entstehen begriffenen Organisation, wobei bestimmte Aktivitäten auf diese Empfindungen hinweisen. Neueste Methoden der Säuglingsforschung ermöglichen Beobachtungen über unterschiedliche, sich sehr früh äußernde Selbstempfindungen, die uns veranlassen, neu über das subjektive Leben des Säuglings nachzudenken, neue Hypothesen aufzustellen, die Antworten, die Neugeborene uns geben, genauer zu beachten. Der Säugling ist von Anbeginn an zu Unterscheidungen fähig, dabei verhält er sich selektiv, zeigt Bevorzugung und Abneigung. Vorrang hat, was er kennt, was er seinen vorhandenen Fähigkeiten einpassen, assimilieren kann.

Auf drei grundlegende Erfahrungen soll näher eingegangen werden:

1. Ganz offensichtlich können Säuglinge in den ersten Lebenswochen eine Wahrnehmungsmodalität in eine andere transformieren. Vielfältige, sehr genaue Beobachtungen belegen, daß wenige Tage alte Kinder Mimik nachahmen können. Sie scheinen das, was sie sehen, direkt in eigene Bewegungen transformieren zu können. Wie ihnen das gelingt, wissen wir noch nicht genau, wahrscheinlich ist es nicht der einfache Vorgang der Übersetzung der einen Wahrnehmungsform in eine andere. Wir müssen eher annehmen, daß Säuglinge, anders als wir bisher angenommen haben, wahrnehmen: von Beginn an nicht modal, sinnesspezifisch, sondern offensichtlich eher global, daß sie Eigenschaften wie Rhythmus, Intensität, vielleicht auch Form als amodale Eigenschaften in jeder dargebotenen Ausdrucksform (sei sie nun eine akustische, visuelle, taktile Situation) herausfiltern und speichern können, daß es ihnen zunächst nur um diese Qualitäten geht, daß sie diese Qualitäten, dargeboten in einer anderen Ausdrucksform, wiedererkennen können.

Vielleicht läßt sich so das frühe Nachahmen von „Stirnrunzeln" z.B. erklären als transmodale Übertragung einer visuellen in eine propriozeptive Wahrnehmung, ebenso das Wiedererkennen der „beruhigenden Mutter", ob sie nun streichelt oder tröstende Worte spricht, ausschlaggebend ist der spezifische Rhythmus, die mütterlich spezifische Intensität.

Mit aller Vorsicht: Der Säugling erfährt bestimmte Eigenschaften von Menschen, auch Dingen, zunächst in einer amodalen Weise, die ihm erlauben, sehr früh Ähnlichkeiten, Vorlieben herzustellen, die seine soziale Welt strukturieren. Dieser Aufbau der kindlichen Wirklichkeit ist immer von vitalen Affekten (Stern 1993) begleitet, dies sind alle Formen zwischen Anspannung und Entspannung wie Aufwallen, Abklingen, sich Hinziehen, explosionsartig, flüchtig ...

Im konstruktivistischen Verständnis sind Rhythmus und Intensität sehr frühe dauerhafte Außenbedingungen, die pränatal bereits in eine systemeigene Sprache übersetzt werden, damit sehr früh subjektive Bedeutung gewinnen, die Selbstregulierung des Stoffwechsels voranbringen und postnatal – das verwundert nun nicht mehr – hohen Wiedererkennungswert haben.

Rhythmus und Intensität führen zu einem eigenen neuronalen Zeitmuster, zu Wachsamkeit und Erregung. Dieser Zustand der Wachheit ist das Verbindende zwischen unterschiedlichen Ereignissen, er gestaltet Wiedererkennen.

2. Von Geburt an trifft der Säugling Einschätzungen wie „das kenne ich", „das ist anders". Einen lebenswichtigen Erkenntniswert hat die Stimme der Mutter, die ihm als Begleitrhythmus aus seiner vorgeburtlichen Zeit vertraut ist. In direkter Koppelung mit der vertrauten Stimme sucht der Säugling Blickkontakt, bevorzugt das Betrachten von Gesichtern, genießt die Passung von Mimik und Stimme. Geringfügige Abweichungen dieser Passung beantworten schon wenige Tage alte Kinder mit deutlicher Unlust und Kopf Abwenden, so z. B. wenn zwischen Ton und Mimik der vertrauten Person eine minimale Verzögerung eingeschaltet wird.

Zur vertrauten Stimme ein zugehöriges Gesicht, dazu ein spezifischer Geruch und Berührungen runden das Bild der „nahen Person" ab – daraus erwächst ein immer facettenreicherer Dialog, durch eine komplexere Strukturkoppelung beginnt sich die subjektive Wirklichkeit des Säuglings zu ordnen.

3. Die Kenntnis von Selbst- und Fremdbewegungen bringt der Säugling als vielfältige Vorerfahrungen mit, über sie gestaltet er nachgeburtlich ganz entscheidend seine Weltsicht, seinen Eigen-Sinn.

Früh erkennt er eigene Urheberschaft und zieht sie einer fremden Urheberschaft vor. Eigenbewegungen des Kindes sind selbstverstärkend, diese Verstärkung ist verläßlich: Selbstberührung als zeitlich-taktiler Eindruck wird als Selbst gespeichert (Stern 1993). Die berührende Hand kann dabei aktiv, die berührte als passiv empfunden werden, der Säugling leistet sich sozusagen selbst Widerstand (Walthes/Klaes 1995).

Über die Erfahrung der Eigenbewegung kann der Säugling zunehmend auch Fremdbewegungen zuordnen und speichern, dabei lernt er, den anderen Rhythmus, die andere Intensität von der eigenen zu unterscheiden.

Das Erkennen unterschiedlicher Formen und Rhythmen ist die Brücke zum Erkennen differenzierter Eigenschaften des eigenen Körpers und fremder Körper, zum Erkennen der Eigenschaften der unmittelbaren dinglichen Umwelt.

Indem der Säugling um die Urheberschaft sich wiederholender Ereignisse weiß, die Grenzen seines Körpers erkennen lernt, Gefühlszustände differenzieren kann, zeigt er uns, wie sein Selbst klarere Konturen annimmt. Der Aufbau seiner Wirklichkeit kann nur im sozialen Dialog gelingen, den der Säugling von Anfang an sucht, auslöst und mitgestaltet. Dabei ist er davon abhängig, daß seine Bezugspersonen seine Bereitschaft, sein optimales Erregungsniveau, seine Fähigkeiten richtig einschätzen können.

Das zuverlässige Eingehen auf sein individuelles Tempo, das liebevolle Deuten seiner Handlungen in alltäglichen, ritualisierten Tätigkeiten stärkt das „Auftauchende Selbst", gibt dem Säugling Verantwortung für seine Geschichte. Eine Alltagsepisode wie: Hunger – Brust – Saugen – Milch – Befriedigung fügt sich in seinem Gedächtnis zu einem komplexen Teil seiner Geschichte zusammen, den er immer genauer antizipieren kann.

Ein Dialog gelingt, wenn Bezugspersonen sich auf die vitalen Gefühle des Säuglings einstellen können, sie verläßlich beantworten können, so daß Sicherheit wachsen kann. Eine Bezugsperson wird dabei kindliche Emotionen nicht imitieren, sondern auf eigene Art beantworten. So kommt es zu einer Affektabstimmung, der Säugling erfährt, daß man Gefühle teilen kann, daß Gefühle unterschiedlich sein können, er lernt, sich auf andere Menschen einzustellen.

Babys haben ein deutliches Gespür für nicht gelungene Affektabstimmung, sie entwickeln ein ganzes Repertoire, um eine Antwort auf ihre Gefühle, ihre Aktivitäten zu bekommen. Bei Über- oder Unterstimulierung, bei Ablehnung durch Bezugspersonen versuchen sie, Kontakte neu herzustellen, Asymmetrien auszugleichen (eindrucksvolle Beispiele in Stern 1993, 279 ff.).

Entscheidend für den Säugling ist, daß alle erlebten Affekte, alle verfügbaren Fähigkeiten intersubjektiv zugelassen werden können, daß die Fehlabstimmungen nicht zu groß werden. Sind sie dauerhaft zu groß, verschließt sich das Kind, zieht sich aus Dialogen immer mehr zurück. Die Entwicklung des Selbst im Säuglingsalter ist vielen Gefährdungen ausgesetzt.

Rückzug im konstruktivistischen Sinn ist dann eine überlebensnotwendige Aktivität, das Kind hält seinen Stoffwechsel auf einer noch bewältigbaren Ebene aufrecht, es greift auf Fähigkeiten zurück, die seinen Austausch mit der Umwelt noch gewährleisten, ihm (selbst-)stimulierende Verstärkungen noch spürbar werden lassen. Für seine Weiterentwicklung heißt dies sinnvolles Verharren in vertrauten Zuständen bei gleichzeitig wachsender Erschwernis, den eigenen Lebensraum zu erweitern – das heißt Isolation.

Wenn es nicht gelingt, den Rückzug des Säuglings zu erkennen, Dialogmöglichkeiten wieder anzubahnen, hat das weitreichende Folgen.

Diese Situation gehört zum Alltag von Frühförderung. Darauf soll in einem letzten Abschnitt näher eingegangen werden.

3. Jeder Säugling, jedes Kleinkind gestaltet seine Lebensweise mit seinen gegenwärtigen Möglichkeiten optimal. – Was bedeutet dies für eine früheste Förderung?

Säuglinge, die mit schweren Schädigungen zur Welt kommen, stellen die höchsten Anforderungen an unsere Fähigkeit zur Kontaktaufnahme, zur Beobachtung. Diese Säuglinge bilden – wie alle anderen Lebewesen auch – eigene Erfahrungen, sie konstruieren ihre eigene Lebenswirklichkeit. Es gelingt ihnen, sich in einem lebenswichtigen Gleichgewicht zu halten, sie haben zu einer für sie optimalen dynamischen Stabilität gefunden. Unser Problem ist es nur zu oft, diese Erfahrungen überhaupt zu erkennen, sie als Grundlage eines Dialogs zu respektieren.

Wenn ein Säugling lebt, nimmt er Kontakt zur Umwelt auf, auch wenn sein Seh-Greif-Hör-Saugplan beeinträchtigt ist. Mit seinen Möglichkeiten zieht er Rückschlüsse aus seinen Handlungen. Die Grundbedingungen seines Lebens unterscheiden sich nicht von denen anderer Säuglinge: Erregbarkeit und Beweglichkeit sind auch hier der Beginn aller Weiterentwicklung. Erlebter Rhythmus, erlebte Intensität werden in den eigenen Lebensrhythmus, in die Eigenzeit aufgenommen. Diese Eigenzeit ist für Außenstehende oft schwer einschätzbar, weil sie so gegen alle Erwartungen verläuft. Damit erscheinen Handlungsabläufe als unsicher, bizarr, auch ziellos. Dies sind alles Beurteilungen aus der Beobachterperspektive, die den Zugang zu diesem Kind nicht gerade erleichtern.

Noch einmal: Im konstruktivistischen Verständnis entwickeln sich jenseits aller unterschiedlichen Formen von Beeinträchtigungen Austauschprozesse, die jeder Säugling mit seinen Möglichkeiten aufrecht erhält, die nur in Kooperation Erweiterungen, neue Bedeutungen erfahren können.

Kooperation gelingt, wenn alle daran Beteiligten das Kind in seinem So-Sein achten, ohne es dabei allein zu lassen. Ein Dialog kommt zustande, wenn die Beteiligten sich um das andere – hier die noch unbegriffene Lebenserfahrung des Säuglings – als Bereicherung für sich bemühen.

Der Säugling hat keine Probleme. Er „kennt" sich so und nicht anders. Wenn Eltern, Angehörige, Ärzte, Frühförderer davon reden, daß dieses Kind Probleme hat und Hilfe benötigt, dann reden sie über ihre zu respektierenden Lebenserfahrungen (Walthes et al. 1994). Sie drücken aus, was sie beobachten, wie sie beobachten, wie sie bewerten.

Was bedeutet dies alles für eine frühe Förderung? Aus einer konstruktivistischen Perspektive werden Möglichkeiten für eine pädagogische Frühförderung aufgezeigt: Eltern wenden sich mit Fragen und Erwartungen an die Frühförderung, sie wünschen den Dialog, dies ist eine für alle offene Ausgangslage. Der Dialog in der Frühförderung ist geprägt durch Kompetenz und Erwartungshaltung der unterschiedlichen Partner.

a) Der Säugling als Dialogpartner

Seine Kompetenz liegt in der Bewältigung seines Alltags, er kann sein Überleben aktiv selbst regulieren in Abhängigkeit von einer haltenden Umwelt, die ihn bei allen existenzsichernden Tätigkeiten intensiv unterstützt.

Der Säugling kann Unterscheidungen treffen, wenn sein Rhythmus dabei das Tempo angeben kann, er zeigt spezifische Bewegungen, die seine Antworten auf seine subjektiven Welterfahrungen sind. Er nimmt Bezugspersonen wahr, sucht Kontakt, Abwechslung, Erweiterung seiner Möglichkeiten in für ihn überschaubaren Situationen.

Fremde Personen haben in der Regel schon früh über ihn Beurteilungen in Form von Diagnosen abgegeben. Diese Beurteilungen sind nicht seine Wirklichkeit, sie können aber entscheidenden Einfluß nehmen auf seine Lebensbedingungen.

Der Säugling erwartet, daß hinter all diesen Diagnosen und Vorannahmen seine Persönlichkeit gesehen wird, daß seine Bestrebungen bemerkt werden, daß nicht für, sondern mit ihm gehandelt wird, daß er darin unterstützt wird, zunehmend mehr Verantwortung in seiner kleinen Lebenswelt übernehmen zu können.

b) Die Eltern als Dialogpartner

Eltern haben Erfahrungen mit ihrem Kind, und im Umgang mit ihm vielfältige Kompetenzen erworben. Sie interpretieren die Wirklichkeit ihres Kindes aus ihrer Elternperspektive. Sie haben Zukunftshoffnungen für ihr Kind, sie haben auch Ängste. Viele Fragen gibt ihnen ihr Kind auf, haben sich aus Gesprächen mit Nachbarn, Familienangehörigen, Experten ergeben.

Eltern suchen Erklärungen, Diagnosen oder haben Diagnosemitteilungen zu verarbeiten.

Sie sind oft hin- und hergerissen zwischen dem Wissen um die Persönlichkeit ihres Kindes, wie sie sie erleben, und den Beurteilungen Außenstehender.

Eltern erwarten Unterstützung bei der Lösung ihrer Probleme, fachliche Kompetenz, Informationen, begleitende Hilfestellungen. Sie wünschen einen Austausch über gegenseitige Rollenerwartungen, sie wünschen sich gute Zuhörer, möchten sich öffnen können und als Eltern und Gesprächspartner ernst genommen werden (Walthes et al. 1994).

c) Die Frühförderin als Dialogpartnerin

Für eine kompetente Frühförderung ist fundiertes Grundlagenwissen um den Aufbau der kindlichen Wirklichkeit, Wissen um erschwerte Entwicklungsbedingungen und mögliche Folgen eine Voraussetzung, um einem Säugling und seiner Familie offen gegenübertreten zu können. Jede Familie ist eine neue Begegnung, jedes Kind eine neue Herausforderung, es wiederholt sich nichts.

Diagnosen sollten als durchaus begründbare Feststellungen von Experten eingeschätzt werden, die dadurch, daß über das Kind kommuniziert wird und Sichtweisen ausgetauscht werden, Probleme konstruieren. Diagnosen haben Wirkungen, sie können den Blick auf das Kind verstellen. Die Frühförderin hat die Chance, diese Hintergründe mit den Eltern zu betrachten und im Dialog eigene Beurteilungen zur Diskussion zu stellen. Die Wirklichkeit des Kindes erschließt sich der Frühförderin vor allem durch sehr genaues Hinsehen. Eigene Beobachtungen im ständigen Austausch mit den Beobachtungen anderer Personen sind für sie das Fundament, sich bei gemeinsamen Aktivitäten vom Kind anregen zu lassen. Die Frühförderin erwartet, Zeit zur offenen Beobachtung zur Verfügung zu haben, sie erhofft sich Gesprächsbereitschaft, Offenheit beim Austausch subjektiver Sichtweisen, gegenseitiger Erwartungen, sie ist angewiesen auf eine Rückmeldung über ihre Rolle in der Familie.

In einem solchen Dialogverständnis führt Kritik nicht zu einem unreflektierten Rückzug, Konflikte können ertragen werden als Präzisierungen von Unterscheidungen. Dies kann den Blick für Probleme öffnen, die die Frühförderung erst in die Familie hineingetragen hat.

Zur Dialoggestaltung ist implizit schon viel gesagt worden, einige Aspekte sollen noch einmal zusammengefaßt werden: Die Frühförderin ist zuerst einmal Beobachterin von der Alltagssituation in einer Familie, von der sie vorerst nichts weiß.

Um tragfähige Erfahrungen zu sammeln, braucht sie Hintergrundwissen und viele Gelegenheiten zur Beobachtung. Dies kann schon im Widerspruch zu angenommenen oder tatsächlichen Erwartungshaltungen stehen, nämlich gleich mit konkreten Aktivitäten beginnen zu müssen – hier bedarf es einer gegenseitigen Klärung.

Im Mittelpunkt jeder Frühförderung stehen Gespräche, unvoreingenommenes Zuhören, das Heraushören der wirklichen Fragen und Nöte in einer Atmosphäre der gegenseitigen Akzeptanz.

In diesen Gesprächen hat der Wunsch der Eltern nach Information über enge Fachgrenzen hinaus genauso Platz wie die Kritik an einer asymmetrisch, bevormundend empfundenen Kommunikation. Damit ist die zentrale Aufgabe von Frühförderung umrissen: Dialoge zu vermitteln zwischen Familienmitgliedern, zwischen Familienangehörigen und Experten, Dialoge zu gestalten mit Frühförderin und Eltern, Frühförderin und Kind, Frühförderin und anderen Fachleuten.

Zu einem konstruktivistischen Verständnis gehört auch, kritisch über den Begriff Förderung nachzudenken, zu fragen, ob dieser Begriff noch passend ist. In seiner ursprünglichen Wortbedeutung heißt fördern: „weiter nach vorn bringen" (Duden, Herkunftswörterbuch,

1963). Nach vorn – wohin? Wer bestimmt, was vorn und damit akzeptiert und wohl gelitten ist? Kann sich „fördern" befreien von dem Ansinnen, etwas nicht ganz so Gelungenes zu verbessern? Sind wir damit nicht immer noch im alten Wunsch, heilen zu können, verhaftet?

„Wir haben nur eine Welt, die wir zusammen mit anderen hervorbringen, und nur Liebe ermöglicht es uns, diese Welt hervorzubringen." (Maturana/Varela 1991, S. 268f.)

Literatur

Bürgin, D. (1982): Über einige Aspekte der pränatalen Entwicklung. In: Nissen, G. (Hrsg.): Psychiatrie des Säuglings. Bern
Duden (1963): Das Herkunftswörterbuch. Mannheim
Kühl, J. (1995): Erkennen, Diagnostizieren, Erziehen, Heilen. Bremen
Jetter, K. H. (1990): 10 Jahre Frühförderung in Emden. Emden
Maturana, H. R.; Varela, F., J. (1991): Der Baum der Erkenntnis. München
– (1994): Was ist Erkennen. München
Meuris, J. (1993): René Magritte. Köln
Piaget, J. (1975a): Der Aufbau der Wirklichkeit beim Kinde. Stuttgart
– (1975b): Das Erwachen der Intelligenz beim Kinde. Stuttgart
Praschak, W. (1993): Kooperative Pädagogik Schwerstbehinderter. In: AKOP (Hrsg.): Kooperative Pädagogik. Bern
Seiler, Th. B. (1994): Ist J. Piagets strukturgenetische Erklärung des Denkens eine konstruktivistische Theorie? In: Rusch; Schmidt: Piaget und der Radikale Konstruktivismus. Frankfurt/M.
Stern, D. (1993): Die Lebenserfahrung des Säuglings. Stuttgart
Walthes, R. et al. (1994): Gehen, Gehen, Schritt für Schritt. Frankfurt/M.
– Klaes, R. (1995): Über Sinn und Unsinn von Bewegungsstörungen. unveröffentlicht
Wohlfahrt, R. (1993): Frühkindlicher Autismus und sensomotorische Entwicklung. Frühförderung interdisziplinär 12(1), 1–13

Erwartungen an Therapien und die Schwierigkeiten, sich darüber zu verständigen

Von Rainer Hoehne

Therapien sind für die Allgemeinheit heute nichts Besonderes mehr. Sie sind im Bewußtsein fest verankert und stehen hoch im Kurs. An ihrer Wirksamkeit wird, gerade von nicht-professioneller Seite, nicht gezweifelt. Sie werden zur Lösung von Problemen in Befindlichkeit und Lage empfohlen. Es ist daher verständlich, daß das Angebot groß ist und weiter wächst und daß die Ausbildung oder Weiterqualifikation zur Therapeutin von vielen angestrebt wird. Es hat sich daraus ein regelrechter Markt entwickelt, der nur noch von wenigen überschaut werden kann.

Im folgenden soll versucht werden, eine gewisse Ordnung in die Vielfalt zu bringen und eine Bewertung vorzunehmen, die die allzuoft hochgesteckten Erwartungen näher an eine Wirklichkeit heranführen kann.

1. Therapie in ihrer heutigen Bedeutung

Therapie wird im wesentlichen in der Medizin, in der Psychologie und in der Sozialarbeit/Sozialpädagogik als Handlungsinstrument eingesetzt. Ich möchte dazu zwei Definitionen vorstellen, die eine aus dem medizinischen Bereich, die andere aus dem psychosozialen:

Therapie „umfaßt alle Formen der Behandlung von Krankheiten (jegliche Einflußnahme auf einen als veränderungsbedürftig definierten Zustand)".

Therapie ist „ein Sammelbegriff, der alle Bemühungen umfaßt, Störungen und Leidenszustände aufzuheben oder doch zu lindern" (Barkey 1997).

Beide Erklärungen erscheinen derart weit gefaßt, daß man so ziemlich alles darunter verstehen kann, was Menschen einander angedeihen lassen.

Um mit dem Begriff überhaupt noch umgehen zu können, muß dringend eine Abgrenzung erfolgen. Dabei hilft im medizinischen und seit Erlaß des Psychotherapeutengesetzes auch im psychologisch/psychotherapeutischen Bereich das Sozialgesetzbuch, das die Anerkennung und den Nachweis der Wirksamkeit einer Heilbehandlung fordert – wobei dieses Wort den Bezug zum Wohl, zum Heil, zur Wiedergewinnung des Unversehrten, des Ganzen erkennen läßt. Anzumerken ist hier außerdem, daß dieser Nachweis in den meisten Fällen sehr schwierig oder gar unmöglich zu führen ist, auch im engen körperlich-medizinischen Bereich; zu viele Faktoren spielen in dem labilen Gleichgewicht von Gesundheit und Krankheit eine Rolle, zu subjektiv sind die Sichtweisen des Beobachters und des Beobachteten.

Eine Abgrenzung wird also versucht, sogar eine Ausgrenzung von sogenannten Außenseitermethoden, deren schädliche Einflüsse womöglich die positiven überwiegen. Dennoch bleibt der Übergang vom menschlichen Miteinander hin zur therapeutischen Handlung fließend: Wo geht eine Beratung in eine Therapie über? Wann wird aus einem einfühlsamen Gespräch eine Gesprächstherapie? Die medizinischen, psychosozialen und pädagogischen (vielleicht auch seelsorgerischen) Handlungsfelder sind auf einen Menschen ausgerichtet so eng miteinander verwoben, daß man eher, wenn überhaupt, von therapeutischen Schwerpunkten sprechen sollte.

Hinzu kommt, daß die Verwendung des Begriffes Therapie oft eine Kostenerstattung leichter macht und mit einem gewissen Sozialprestige verbunden ist. Wir erleben daher eine Inflation des Begriffes Therapie in Verbindung mit allen möglichen Tätigkeiten, die gemeinsam Spaß machen, aufmuntern, unterstützen, Kräfte wecken, voranbringen, wie z. B. Schwimmtherapie, Kunsttherapie, Maltherapie, Musiktherapie, Spieltherapie, Basteltherapie, Lauftherapie, Gedächtnistherapie, Schlaftherapie, Eßtherapie, Tanztherapie usw. Hinzu kommen natürlich alle die Therapien, die ein medizinisch klingendes Fremdwort im Namen führen, z. B. neuromuskulär, somatosensorisch, integrativ, interaktional usw. Hinter den meisten dieser therapeutischen Ansätze mögen ernsthafte Vorstellungen ihrer Wirkweise stecken, aber die Vielfalt der Verfahren (allein beim frühkindlichen Autismus sind über 50 verschiedene Ansätze benannt worden) macht doch skeptisch. Vielleicht hilft an dieser Stelle weiter, den Hoffnungen näher nachzugehen, die an Therapien im allgemeinen geknüpft werden.

2. Erwartungen in Therapien

Alle an einer therapeutischen Maßnahme Beteiligten haben Vorstellungen davon, was da geschieht und was erreicht werden soll oder kann. Am wenigsten deutlich wird dies vielleicht für die Patienten selber, besonders wenn es entwicklungsverzögerte, bewegungsgestörte oder verhaltensauffällige Kinder sind. Sie selbst haben oft gar kein Störungsbewußtsein; womöglich wird es ihnen erst durch die Therapie vermittelt. So wissen wir z. B., daß ein blind geborenes Kind sich zunächst nicht behindert empfindet und ein Kind mit Down-Syndrom sich vollständig fühlt. Die Mehrheit der Erwachsenen in unserer Gesellschaft sieht jedoch in der Kindheit eher ein Durchgangsstadium der Unvollkommenheit hin zum Erwachsensein als Vollendung.

Die meisten Erwachsenen drücken dies auch aus, indem sie ihren nicht-behinderten Kindern sagen: „Wenn du erst groß bist, dann ..."; oder ihrem bewegungsgestörten Kind: „Wenn du erst laufen kannst, dann ..."; oder ihrem autistischen Kind: „Wenn du erst mit uns sprechen kannst, dann ...". Ein Kind, auch ein behindertes Kind, fühlt sich zunächst wie jeder Mensch als ganz, als vollständig. Erst im Vergleich zu einem Durchschnitt oder gar einer Norm werden Abweichungen registriert, Defizite diagnostiziert und Versagen oder Leiden empfunden.

Für Eltern behinderter Kinder sieht dies ganz anders aus. Sie spüren bereits früh, wenn ihre Kinder sich anders verhalten und entwickeln als erwartet. Und für ihre Kinder werden ihnen heutzutage früher entsprechende Diagnosen gestellt, die ihnen neben vielem anderen (z. B. Gefühlen wie Enttäuschung, Schmerz, Wut, Ohnmacht u. ä.) die Aufgabe vermitteln, ihre Kinder voranzubringen, die Behinderung zu verringern, Normalität herzustellen.

Die Behauptung ist nur wenig übertrieben, daß viele Eltern, besonders Väter, sich unter den hierfür angebotenen Therapien eine Wiederherstellung, eine Art Reparatur vorstellen. Für die meisten Eltern bedeutet es einen langen und schmerzhaften Prozeß zu erkennen, daß eine Heilung fast nie zu erreichen ist, auch wenn eine Therapie neu, exotisch oder teuer ist. Viele anfängliche Hoffnungen werden zu Enttäuschungen, was ja nichts anderes sagt, als daß zu Anfang eine Täuschung entstand, die jetzt einer realistischeren Sichtweise weicht.

Auch die nähere und weitere Umgebung von Familien mit behinderten Kindern erwartet von den Eltern, daß sie möglichst intensive, wirksame und wohl auch viele Therapien mit dem Kind, eventuell am Kind durchführen, um den regelwidrigen Zustand, die irritierende Abweichung, die pathologische Abnormität abzuschaffen. Es entsteht damit ein andauernder hoher Erwartungsdruck von seiten der Gesellschaft.

Eine wieder andere Erwartung in die Therapie haben die Therapeutinnen und mit ihnen die Ärzte und Ärztinnen. Sie wurden durch das behinderte Kind und seine Eltern vor ein Problem gestellt, das es zu lösen gilt. Therapien gelten als anerkannte Lösungswege. Therapeutinnen verbinden hiermit ihr berufliches Selbstverständnis, sie sind auf Erfolge angewiesen. Die Wahl ihrer Therapiemethode, ihr Einsatz, ihr Können, ihre Erfahrung, ihre Zielvorgaben stehen zur Debatte und können leicht in Frage gestellt werden. Zusammengenommen also ein enormer Druck, der sich von der Gesellschaft, den Eltern und den Therapeutinnen selbst auf das therapeutische Geschehen und das Kind aufbaut. Schwer, hier eine wirksame Entlastung zu schaffen! Ehe ich mögliche Wege aus dem Dilemma heraus beschreibe, möchte ich noch vor einigen Gefahren, die mit Therapien verbunden sein können, warnen.

3. Gefahren von Therapien

Wenn ich die Anwendung von Therapien für wirksam halte, und das tue ich, dann muß ich an sie ähnlich strenge Maßstäbe anlegen wie an die Verordnung von Medikamenten, d. h., die Aufgabenstellung bzw. Indikation muß stimmen und möglichst genau umschrieben sein, die Dosierung muß richtig sein – nicht zu viel und nicht zu wenig – der Zeitpunkt und die Dauer müssen richtig gewählt sein – nicht zu früh und nicht zu spät, nicht zu kurz und vor allem nicht zu lang – und all dies muß an der jeweiligen Zielvorgabe entlang flexibel gestaltet und eventuell auch geändert werden.

Wie oft geschieht dies nicht! Therapien werden irgendwann angeordnet – oft relativ spät – und dann über Jahre hinaus in der immer gleichen Dosierung ohne ständige Überprüfung der Ziele durchgeführt. Oft passiert dies gerade in Behinderteneinrichtungen.

Die Gefahren liegen dabei nicht nur in der erstarrenden Routine, die beim Patienten zu Lustlosigkeit und Überdruß, bei der Therapeutin zum Burn-out-Syndrom führen kann, sondern auch in den Nebeneffekten einer Therapie. Solange ein Kind therapiebedürftig erscheint, braucht die Umwelt, insbesondere brauchen die anderen Kinder sich nicht ernsthaft mit der Andersartigkeit, mit der Variation menschlichen Verhaltens und Seins auseinanderzusetzen. Die Therapie verspricht ja, dies Kind noch zu verändern, möglichst weitgehend zu normalisieren.

Auch aus dem sozialen Kontext, aus dem Spiel, aus der Kindergartengruppe, aus der Schulklasse wird das Kind für die Therapie immer wieder herausgerissen. Das hat eine deutliche Benachteiligung, eine Sonderstellung, eine Aussonderung zur Folge und steht damit dem Gedanken der Integration entgegen.

Gefahren bestehen aber nicht nur für das Kind. Auch die Eltern werden durch lang sich hinziehende Therapien in ihrer Einstellung bestärkt, es werde sich noch vieles – oder alles? ändern und damit bessern. Dadurch wird der innere Verarbeitungsprozeß von Eltern, die ein behindertes Kind haben, den uns Frau Schuchardt so eindrucksvoll beschrieben hat, verzögert und verlängert.

Auf seelische und körperliche Gefahren, die durch sogenannte Außenseitermethoden bei Kindern und Eltern direkt hervorgerufen werden können, möchte ich hier nur am Rande hinweisen.

4. Unterschiedliche Therapieansätze

Es ist schwierig, die Vielfalt der angebotenen Therapien in ein Schema zu bringen oder sie bestimmten Kategorien zuzuordnen. Eine Möglichkeit besteht darin, sie nach ihrem Schwerpunkt in körperorientierte, psychisch wirksame und die Beziehungsebene beeinflussende aufzuteilen. Wobei zu erkennen ist, daß viele Methoden auf mehreren Ebenen gleichzeitig wirken und diese Ebenen immer sehr stark miteinander verwoben und voneinander abhängig sind, besonders bei Kindern.

Eine andere Möglichkeit der Zuordnung bietet sich an, wenn die Sichtweise und Behandlungsziele der Therapeutinnen näher betrachtet werden. Dann finden sich im wesentlichen zwei Gruppen, die sich unterschiedlichen Entwicklungsmodellen zuordnen lassen. In der Gegenüberstellung (s. Tab.) wird deutlich, daß ein systemisch-ökologisches Verständnis von Entwicklung mehr Variationen zuläßt und Lernprozessen eine bestimmende Rolle zuschreibt. Wie wir aus der Lernpsychologie wissen, geschieht Lernen am ehesten und am leichtesten durch Eigenaktivität, hohe Motivation und Sinnerfülltheit. Dies gilt übrigens auch für motorisches Lernen.

Tab.: Gegenüberstellung nach Michaelis 1995

Entwicklungsmodell I hierarchisch, deterministisch, reduktionistisch „Reifung"	**Entwicklungsmodell II** systemisch, adaptiv, holistisch, ökologisch „Entwicklung"
Hierarchisch geordnete Abläufe garantieren vollständige Reifung und vollkommenes Funktionieren eines Entwicklungszieles	Einzelne Entwicklungsschritte laufen eher unabhängig nebeneinander; wenig gegenseitige Beeinflussung
Genetisch gesteuerte rigide Kontrolle des Entwicklungsprogramms	Kinder entwickeln sich unterschiedlich – interindividuelle Variabilität
Zeitliche, qualitative und funktionelle Festlegung und Vorhersagbarkeit von Entwicklungsschritten. Alle Kinder entwickeln sich formal und zeitlich gleich (keine interkulturellen Unterschiede)	Verschiedene Entwicklungsschienen entwickeln sich unterschiedlich – intraindividuelle Variabilität
Lernprozesse spielen eine untergeordnete Rolle	Vorübergehende Regression als Entwicklungsvariable
Störung eines Entwicklungsschrittes führt zur Störung des ganzen Systems	Störung gefährdet eventuell nur eine Entwicklungsschiene (Hilfe stützt adaptive Prozesse)
Quantitative und qualitative Variabilität gelten als Pathologie	Variabilität ist normal, Invariabilität ist als Pathologie zu werten
Morphologische, neurobiologische, neurologische und funktionelle Strukturen sind weitgehend determiniert	Morphologische, neurobiologische und neurologische Basisstrukturen sind weitgehend determiniert. Die Abläufe der Entwicklung sind adaptiv, Lernen ist bestimmend

Übertrage ich diese Zweiteilung von therapeutischen Verfahren auf entwicklungsverzögerte und -gestörte Kinder, lassen sich nahezu alle Therapieansätze dem einen oder dem anderen Modell zuschreiben. So gehören Therapieverfahren mit festen Techniken und Methoden, bei denen die Erwachsenen, also Therapeutinnen, Eltern und Gesellschaft, die Therapieziele vorgeben, die sich an der Normalität orientieren, zum Modell I. Defizitorientierte, an Entwicklungsskalen ihren Erfolg oder Fortschritt messende ebenfalls.

Dagegen fühlen sich Therapeutinnen dem Modell II verpflichtet, die das Kind mit seinen Alltagsbedürfnissen und -wünschen, aber auch Alltagsproblemen in den Mittelpunkt stellen. Für sie ist die Interaktion der Angelpunkt. Techniken gehören lediglich zum Handwerkszeug. K. Bobath hat dies ganz lapidar so ausgedrückt: „Wir... haben einen Therapieansatz entwickelt, der auf der engen Interaktion zwischen Kind und Therapeuten beruht" (Bobath/Bobath 1984). Oder wie es die Tanztherapeutin Petra Klein ausdrückt: „... das wichtigste Instrument der Therapie die Therapeutin in ihrer zwischenmenschlichen Kontaktfähigkeit ist" (Klein 1993).

Natürlich ist diese Sichtweise nicht völlig neu. Oft haben Therapeutinnen und Ärztinnen und Ärzte gespürt, daß ihre Behandlung nicht nur durch die Maßnahme oder das Medikament wirksam war, sondern durch sie selbst als behandelnde Personen. Dies wurde und wird z. T. als Placebo-Effekt bezeichnet oder als unspezifische Wirkung der Therapie. Daß aber eben diese Wirkung in den Mittelpunkt der Therapie gestellt wird, ist doch jüngeren Datums. Der Ansatz geht zurück auf die Vorstellungen der humanistischen Psychologie, die in jedem Menschen, also selbstverständlich auch in entwicklungsverzögerten oder geschädigten Kindern, ein Potential zum Wachstum, zum Ganzwerden, zur Heilung, zur Höherentwicklung annimmt. Die Erkenntnistheorie von Maturana und Varela schließlich spricht von Sich-Selbst-Erschaffen, Autopoiese (Maturana/Varela 1987). So besteht die Aufgabe der Therapeutinnen eher darin, diese Selbstheilungs- und Entwicklungskräfte zu stärken oder erst freizulegen. Dann aber geht es eher um Begleitung, Unterstützung beim Wegräumen von Hindernissen, Schaffen von günstigen Gelegenheiten, Hilfe zur Eigenaktivität und Selbstbestimmung.

5. Therapieverständnis

Obwohl dieser zuletzt ausgeführte Therapieansatz einleuchtend und wirksam zu sein scheint, ist es leicht nachvollziehbar, daß er mit den oben aufgeführten, häufig unzutreffenden Erwartungen an eine Therapie nicht übereinstimmt. In der Kritik wird dann der Vorwurf laut, daß mit den Kindern gar nicht mehr richtig gearbeitet, sondern nur noch gespielt würde; daß die Therapeutinnen viel zu selten eingriffen und die Kinder fast alles tun dürften; schließlich sogar, daß die Therapie eigentlich nicht ernsthaft genug sei, wenn sie den Kindern so viel Spaß mache.

Um derartige Vorwürfe nicht erst aufkommen zu lassen oder sie schnell zu entkräften, ist es dringend notwendig, daß vor Beginn oder jedenfalls ganz am Anfang einer Therapie die Beteiligten, Therapeutinnen, Ärztinnen und Ärzte, Eltern, pädagogisch Verantwortliche wie Erzieherinnen oder Lehrerinnen sich darüber verständigen, welches Verständnis von Therapie, welche Vorstellung von kindlicher Entwicklung und damit schließlich, welches Menschenbild sie haben. Betont dies eher die Formbarkeit von heranwachsenden Menschen, die Machbarkeit und Umsetzbarkeit von Ideen, die an Normen orientierte Sichtweise mit Betonung von Defiziten oder eine gewisse „Reparaturmentalität"? Oder wird das Menschenbild eher durch eine Sichtweise geprägt, die die Selbstbestimmung und Würde jedes Menschen in den Mittelpunkt rückt und damit eine anerkennende Begleitung und Hilfe zur Selbsthilfe an die oberste Stelle setzt?

Gelingt die Absprache und vielleicht sogar die Einigung darüber, wird die Therapiezufriedenheit aller Beteiligten höher ausfallen. Dies wiederum steigert den Therapieerfolg. Die Wirklichkeit nähert sich den Erwartungen. Wozu auch noch gehört, daß Therapieziele gemeinsam entwickelt und überprüft werden. Dabei sollten diese nicht zu weit gesteckt sein;

denn „Kurzfristige Therapieziele steigern den Therapieerfolg in den Augen der Eltern. Die Therapiezufriedenheit der Eltern wächst mit ihrer aktiven Teilnahme" (Bode/Storck 1997).

Es wird weiterhin schwierig bleiben, sich in der Vielzahl der angebotenen und angepriesenen Therapien zurechtzufinden. Und ebenso vergeblich wird der Versuch bleiben, allen an eine Therapie gesetzten Erwartungen gerecht werden zu wollen. Eine kritische Sichtweise, eine für alle durchsichtige Herangehensweise und der Mut, einen begonnenen Weg zu ändern, wird viele Beteiligte jedoch vor allzugroßen Enttäuschungen bewahren.

Literatur

Barkey, P. (1997): Stichwort Therapie. In: Deutscher Verein (Hrsg.): Fachlexikon der sozialen Arbeit, 4. Aufl. Frankfurt/M., S. 958
Bobath, K.; Bobath, B. (1984): The Neurodevelopmental Treatment. In: Scrutton, D. (Ed.): Management of the motor disorders of children with cerebral palsy. Philadelphia, S. 1–10
Bode, H.; Storck, M. (1997): Evaluation von Therapieverfahren. Kinderärztliche Praxis 4, 215–219
Klein, P. (1993): Tanztherapie. Ein Weg zum ganzheitlichen Sein. München
Maturana, H. R.; Varela, F. R. (1987): Der Baum der Erkenntnis. Bern/München/Wien
Michaelis, R. (1995): Entwicklungsneurologie und Neuropädiatrie. Stuttgart

Pädagogik und Therapie in der frühen Förderung aus der Sicht einer Bobath-Therapeutin

Von Hille Viebrock

Üblicherweise wird das Verhältnis von Pädagogik und Therapie zwischen den beteiligten Berufsgruppen sehr kontrovers und konkurrierend diskutiert. Ich möchte in meinen Ausführungen versuchen, diesen nicht gerade produktiven Prozeß aufzubrechen und habe mich in der Vorbereitung und Auseinandersetzung mit dem Thema von folgenden Fragen leiten lassen:

I. Wie verstehen wir die Lebenswirklichkeit und Entwicklungsprozesse eines Säuglings? Wie organisieren und gestalten Kinder in dem Alter sich und ihre Wirklichkeit?
II. Mit welchen Formen und Mitteln gestalten Säuglinge ihre Austauschprozesse mit ihrer Umwelt?
III. Welchen Auftrag hat Pädagogik in der frühen Förderung?
IV. Welchen Auftrag hat Bewegungstherapie in der frühen Förderung?

In der Beantwortung der Fragen hoffe ich, daß das komplizierte Netzwerk der Frühförderung unter dem Blickwinkel einer Bewegungstherapeutin zum Teil sichtbar wird. Zentrale Fragestellungen werden sich an das Verhältnis von Pädagogik und Therapie und an die Gestaltung eines Förderprozesses, in dem beide Kompetenzen aufgehoben sind, richten.

Pädagogik und Therapie bilden zwei Seiten von einem Prozeß, die sich wechselseitig beeinflussen, auf der Ebene der Methoden, Didaktiken und Techniken – vor dem Hintergrund eines pädagogisch-therapeutischen Konzeptes von Entwicklungsförderung. Das gilt grundsätzlich für die professionelle Unterstützung von Kindern, ganz besonders aber für Säuglinge. Zum Glück läßt das Bobath-Konzept eine solche Erweiterung zu.

Um sich dem Thema zu nähern, sollen zunächst die Fragen I und II näher in den Blick genommen werden.

I. Wie verstehen wir die Lebenswirklichkeit und Entwicklungsprozesse eines Säuglings? Wie organisieren und gestalten Kinder in dem Alter sich und ihre Wirklichkeit?

Ein Kind wird geboren mit einem Repertoire an vorgeburtlichen Erfahrungen, die es kompetent machen, in der nachgeburtlichen Welt zu leben, sich zu organisieren. Es muß sein Repertoire an diese Welt anpassen, variieren und differenzieren, neu organisieren.

- Das Sehen wird zum Betrachten und Fixieren, zum Kontakt Aufnehmen.
- Das Hören zum Horchen und Zuhören.
- Das Bewegen zum Manipulieren und Fortbewegen im weitesten Sinne.
- Ruhe zu Haltungen.
- Mundbewegungen zum Essen und Lautieren.

Uns ist allen klar, daß dies nur im Austausch mit der jeweiligen Umwelt passiert.

- Indem das Kind sein Repertoire differenziert, kann es die Welt und sich umfassender erkennen.
- Indem es die Welt differenziert wahrnimmt, differenziert es seine Aktivitäten und damit seine Bewegungen.

36 Hille Viebrock

Jetter (1995) zitiert Varela in seinem Aufsatz „Vision Frühförderung"

„... daß Erkennen – selbst auf seinen vermeintlich höchsten Ebenen – in der konkreten, alltäglichen Tätigkeit des ganzen Organismus, das heißt in seinen sensumotorischen Verknüpfungen gründet. Die Welt ist uns nicht einfach gegeben, sondern sie ist etwas, auf das wir uns einlassen, indem wir uns bewegen, sie anfassen, einatmen und essen. Aus diesem Grund spreche ich gerne vom Erkennen als Vollzug. Damit soll angedeutet werden, daß Erkenntnis durch den konkreten Umgang mit der Umwelt hervorgebracht wird".

Wir haben mit diesen Aussagen einen spiraligen, ökologischen oder systemischen Prozeß vor Augen, dessen Bereiche untrennbar miteinander verknüpft sind. Sie lassen sich nur im Blickwinkel des Beobachters, des Pädagogen und Therapeuten isolieren.

Dieser Prozeß ist nicht eng hierarchisch determiniert, sondern durch Variabilität gekennzeichnet.

Touwen benennt dazu drei Kategorien, diese werden durch Michaelis et al. (1996, 27) durch eine vierte ergänzt:

1. Interindividuelle Variabilität: Unterschiedliche Entwicklung der verschiedenen Kinder im Laufe einer bestimmten Zeit.

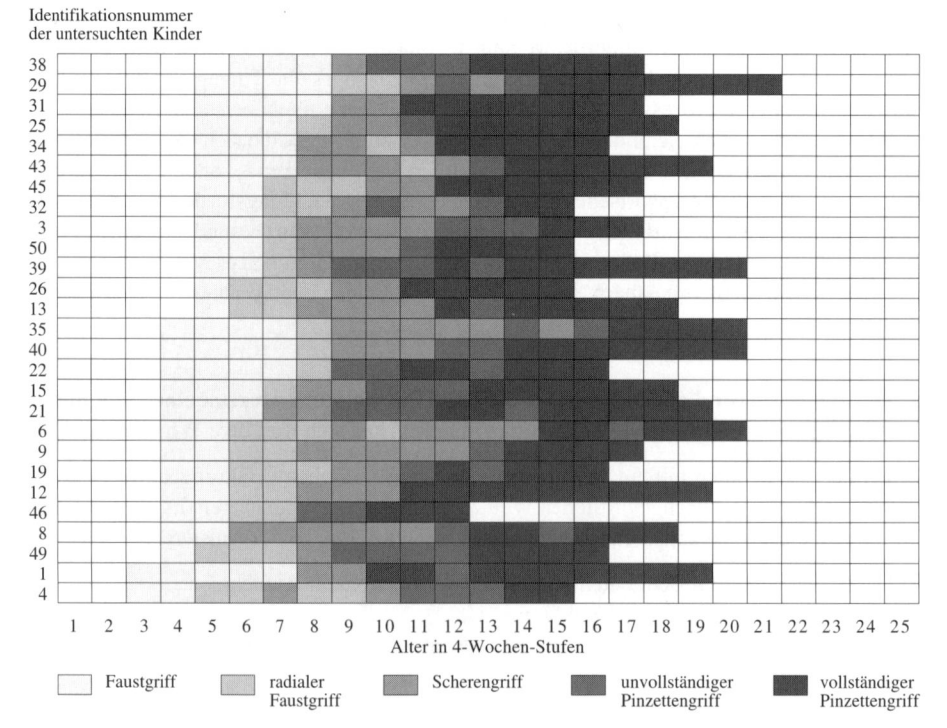

Abb.: Entwicklung des willkürlichen Greifens. Die dunkelgrauen Balken enden mit dem Beginn des freien Gehens (31, 32); nach Michaelis et al.

2. Intraindividuelle Variabilität: Unterschiedlichkeit in den einzelnen Entwicklungsbereichen. Z.B. kann die Sprachentwicklung bei einem Kind sehr schnell verlaufen und die Bewegungsentwicklung langsamer oder umgekehrt.

Pädagogik und Therapie in der frühen Förderung aus der Sicht einer Bobath-Therapeutin   37

3. Inkonsistenz: Einzelne Entwicklungsschritte werden aufgegeben, um für einige Zeit frühere zu nutzen.
Oder es können Entwicklungsschritte wie das Krabbeln übersprungen werden. Michaelis ergänzt eine vierte Kategorie, die

4. Interkulturelle Variabilität: Unterschiedliche Entwicklung in den verschiedenen Kulturen. „Offenbar spielen jedoch Umweltfaktoren für die Entwicklung der menschlichen Motorik eine bisher weitgehend übersehene, entscheidende Rolle. Ohne an dieser Stelle auf Details eingehen zu können, müssen die Variabilitäten in der motorischen Entwicklung auf Umweltfaktoren, Erziehungsvorstellungen der Eltern einer bestimmten Population, auf transkulturelle unterschiedliche Entwicklungsvorgaben und traditionell tradierte Erziehungsmuster zurückgeführt werden, die den Ablauf bestimmter Entwicklungsschienen eindeutig bestimmen" (Michaelis et al. 1996, 23).

II. Mit welchen Formen und Mitteln gestalten Säuglinge ihre Austauschprozesse mit ihrer Umwelt?

Bewegung und Wahrnehmung sind *das* Medium für Lernprozesse in diesem Alter. Allerdings bedürfnis- und motivgeleitet, zielbezogen, emotional gewertet und eingebunden in einen sozialen Kontext. Bewegung und Wahrnehmung geben die Möglichkeit, sich selbst und die Welt außerhalb des Selbst zu erfassen und zu ihr in Beziehung zu treten.

Renate Waltes (1996) hat mit Palagyi (Neurophysiologe der 20er Jahre) dieses beschrieben: „Bewegt sich ein Körperteil gegen den anderen, bis sie sich berühren, so entstehen in beiden Körperteilen Berührungsempfindungen und dieses passiv-aktive Doppelempfinden ist es, das die Grundlage unserer Wahrnehmung einer Außenwelt bildet" (116). „... Nur innerhalb der Tastwahrnehmung gibt es eine wechselseitige Doppelempfindung ... Die Berührung der beiden Hände kann erhalten bleiben, und man kann trotzdem bald der rechten, bald der linken Hand eine aktive Haltung verleihen, so daß abwechselnd bald die linke, bald die rechte Hand als die gedrückte erscheint" (190).

Um sich selbst als identisch erleben, das heißt, den eigenen Körper als eigenen begreifen zu können, muß dieser sich selbst berühren, sich selbst einen Widerstand leisten können. In der Selbstberührung wird die Bewegung des Berührens als aktiver Prozeß, die des Berührtwerdens als passiver Prozeß definiert. Das Tasten wird als der Basissinn begriffen, der als einziger diesen aktiv-passiven Doppelcharakter aufweist. Wir können die basale Unterscheidung von Selbst und Fremd nur durch Selbstberührung machen, nur hier wird die berührte Stelle zum Repräsentanten des passiven, die berührende Bewegung zum Repräsentanten des aktiven Prozesses. In der Selbstberührung liegt der Beginn der Entwicklung von Sachbewußtsein, da sich dort „... der Lebensprozeß selbst wie fremd gegenübertritt. Wie fremd erfaßt die eine Hand die andere, als ob sie nicht dem eigenen Leibe angehörte ... Auf der Selbstentfremdung des eigenen Leibes beruht die ganze Wahrnehmung einer Außenwelt" (Waltes 1996, 115 f.).

Wir können unser Selbst und das Nicht-Selbst durch Selbstberührung und Fremdberührung unterscheiden. Also eine basale Unterscheidung von ich und nicht ich, ein Weg von Erkenntniserweiterung in der ganz frühen Säuglingszeit, der uns unser ganzes Leben lang nicht verlorengeht und ein sicheres Fundament bildet.

Es sollen hier nicht die verschiedenen Entwicklungskonzepte wie sie *Piaget, Leontjew* oder *Spitz* beschreiben, vorgestellt werden, sondern über grundsätzliche Prinzipien von Austauschprozessen nachgedacht werden. Einige sind genannt worden, andere, wie z. B. der Bereich der Beziehungen und Kommunikation, Entwicklung von Persönlichkeitsbildern würden den Rahmen dieser Ausführungen sprengen.

III. Welchen Auftrag hat Pädagogik in der frühen Förderung?

Pädagogik unterstützt die individuellen Lernprozesse mit dem Ziel der Erkenntniserweiterung und Differenzierung zur individuell möglichen Entfaltung der Persönlichkeit. Dieses gilt grundsätzlich und eben auch für die Förderung mit Säuglingen und deren Familien.

IV. Welchen Auftrag hat Bewegungstherapie in der frühen Förderung?

Bewegungstherapie unterstützt die Bewegungsmöglichkeiten mit dem Ziel ihrer Variation und Differenzierung im Rahmen von Handlungen, wenn nötig mit dem Ziel, Brüche oder Sackgassenbewegungen zu kompensieren oder zu überwinden zur individuell möglichen Entfaltung der Persönlichkeit. Auch dieses gilt grundsätzlich und für die bewegungstherapeutische Förderung mit Säuglingen und ihren Familien.

Das Medium, die Formen und Mittel für Entwicklungsprozesse im Säuglingsalter sind Bewegung und Wahrnehmung. Ist es dann nicht so, daß Entwicklungsverzögerungen und Lernstörungen sich in der Bewegung und Wahrnehmung zeigen – und Bewegungsstörungen und Wahrnehmungsstörungen in diesem Alter Entwicklungsverzögerungen und Lernstörungen zur Folge haben?

Nun gibt es aber wenigstens zwei Berufsgruppen, die von sich sagen, daß sie die Entwicklung von Säuglingen unterstützen können. – Wer macht was?

Pädagogik und Therapie sind in der frühen Förderung nicht zu trennen. Bewegung – Wahrnehmung – Lernen bilden eine so enge Ganzheit, daß das eine ohne das andere nicht ausreicht vor dem Verständnis von Entwicklung, über das wir nachgedacht haben.

Pädagogen und Therapeuten müssen Experten für Bewegung, Wahrnehmung und Lernen im sozialen Kontext sein. Ob meine Grundprofession Physiotherapie mit Bobath-Ausbildung ist oder meine Grundprofession Pädagogik ist – für einen ganzheitlichen (Ganzheit = Einheit der biologischen, psychischen und sozialen Ebene, Ernst Berger) Förderprozeß kann ich keinen der Bereiche des Systems auslassen.

Da die Ausbildungsgänge zur Frühförderin und zur Physiotherapeutin sehr unterschiedlich und partiell sind, kann sich ein solches Expertentum nur über Kooperation und Kompetenztransfer aufgrund einer gemeinsamen Sprache, eines gemeinsamen Konzeptes und gemeinsamer Ziele herstellen.

Das heißt aber auch, daß jede und jeder in der Frühförderung weiß, daß ihm oder ihr zu einem umfassenden Förderprozeß für Kinder und deren Familien Bereiche zur eigenen Professionalität fehlen. Zu fordern, sich seiner Defizite bewußt zu sein, sie offen zu benennen und eine andere Berufsgruppe um Hilfe zu bitten, ist in einer Zeit, in der Arbeitsplätze immer unsicherer werden, vielleicht etwas blauäugig. Auch hier stecken wir in einem System von Verhältnissen: Dem des theroretisch wünschenswerten und prinzipiell machbaren und dem des gesellschaftlich und institutionell gewollten.

Grundsätzlich wäre zu fordern: Sowohl Pädagogen als auch Physiotherapeuten sollten aufbauend auf ihre Grundausbildung eine Spezialausbildung für die Arbeit mit Säuglingen und ihren Familien erhalten. Dann würden wir aus dem Dilemma herauskommen, willkürlich, künstlich etwas zu trennen, was nicht zu trennen ist – allenfalls in Schwerpunkten zu sehen ist.

Literatur

Jetter, K. H. (1995): Vision Frühförderung. Frühförderung Interdisziplinär 14, Heft 3, S. 93–107

Käsgen, R. (1997): Kindliche Entwicklung systemisch betrachtet. Bewegung und Entwicklung, Heft 32, der Vereinigung der Bobath-Therapeuten Deutschlands, S. 2–19

Michaelis, R.; Kahle, H.; Michaelis, U. S. (1996): Variabilität in der frühen motorischen Entwicklung. In: Schlack, H. G.; Largo, R. H.; Michaelis, R.; Neuhäuser, G.; Ohrt, B. (Hrsg.): Praktische Entwicklungsneurologie. München, S. 27

Waltes, R. (1996): Über Sinn und Unsinn von Bewegungsstörungen. Bewegung und Entwicklung, Heft 30, der Vereinigung der Bobath-Therapeuten Deutschlands, S. 20–37

Handlungsorientiertes Arbeiten in der Bobath-Therapie

Von Gisela Ritter

Seit mehr als 30 Jahren folge ich dem Bobath-Konzept in meiner beruflichen Arbeit. Es hat für mich bis heute nicht die Faszination verloren, die ich schon von Beginn an verspürte. Alles an Wissen und Erfahrung, was ich in der Zwischenzeit dazugewonnen habe, konnte seine Behandlungsprinzipien (Ritter 1998) – so wie ich sie in London gelernt habe – nicht erschüttern.

Die Anwendung des Bobath-Konzepts in der Praxis allerdings erfuhr schon zu Lebzeiten von Berta Bobath wichtige Veränderungen, und dieser Prozeß schreitet weiter voran. Berta Bobath selbst gab uns mit folgenden Worten Freiraum im praktischen Handeln: „Soviel wir auch gelernt und verändert haben und fortfahren werden, beides zu tun, muß festgehalten werden: Das all dem zugrundeliegende Konzept hat sich nicht verändert. Es erscheint wie ein Teppich, an dem eine ganze Familie arbeitet. In der Mitte wurde begonnen, und strahlenförmig breitet er sich nach allen Seiten aus. Jeder Therapeut arbeitet anders mit seinen Erfahrungen und mit seiner Persönlichkeit. Das ist gut und kreativ" (Bobath, B. 1991, 28). Berta Bobath weist uns den Weg – unter der Wahrung der Prinzipien des Konzepts – die therapeutische Arbeit individuell so zu gestalten, daß sich Schwerpunkte in der Arbeit im Bobath-Konzept entwickeln können.

In den letzten 10–15 Jahren wurde *mein* Schwerpunkt die handlungsorientierte Arbeit in der Bobath-Therapie. Er bildete sich heraus unter dem Einfluß der Lehre von *Jean Piaget* und den Grundgedanken der Kooperativen Pädagogik. Im Austausch mit KollegInnen, die ebenfalls diesem Ansatz folgen, findet eine fortgesetzte Überprüfung der Übereinstimmung von Theorie und Praxis und somit der Wirksamkeit seines therapeutischen Erfolges statt. Dies ist unverzichtbar für die Weiterentwicklung dieser therapeutischen Richtung innerhalb des Bobath-Konzepts. Wir erleben die handlungsorientierte Arbeit als wertvolle Erweiterung unseres bewegungstherapeutischen Handelns, indem wir Bewegung immer als Element des Handelns verstehen. Dies findet seinen Ausdruck im Begriff „Bewegungshandeln" (Schönberger et al. 1987).

In diesem Beitrag soll der Zusammenhang zwischen Bewegungshandeln und dem Bobath-Konzept dargelegt werden; anschließend soll anhand eines Beispiels aus der Praxis gezeigt werden, wie Haltungs- und Bewegungsanalyse einerseits und Handlungsanalyse andrerseits helfen können, daß sich die Eigenaktivität des Kindes in einer therapeutischen Situation entfalten kann und damit auch die Interaktion zwischen Therapeutin und Kind störungsfreier ablaufen kann. Dieses Beispiel aus der Praxis soll dann dazu dienen, wesentliche Aspekte handlungsorientierten Arbeitens im Bobath-Konzept zu veranschaulichen.

1. Bewegungshandeln als Ausdruck ganzheitlicher Sichtweise im Bobath-Konzept

Karel und Berta Bobath haben ihr Konzept in der Medizin angesiedelt. Insofern sind neurophysiologische Grundlagen wesentlicher Bestandteil dieses Konzepts. Aber auch die ganzheitliche Sichtweise war schon immer wichtig für sie. „The cerebral palsied child is a ‚whole' child and must be dealt with as a ‚whole' – in a real physical sense as well as a ‚whole personality'" (Bobath/Bobath, 60er Jahre, S. 4). Einige Aussagen sollen verdeutlichen, was damit gemeint ist, die Motorik des Menschen immer als Ganzes zu betrachten. Bei jeder Bewegungseinleitung ist immer der ganze Körper beteiligt. Jede Haltungsveränderung wirkt sich auf den ganzen Körper aus. Bei jeder Haltungsanpassung ist der ganze Körper aktiviert. Wir sprechen zwar von vorbereitender Anpassung der Haltung an die Bewegung; gleichzeitig jedoch muß Bewegung möglich sein, um die passende Haltung einnehmen zu können. So gesehen sind Haltung und Bewegung untrennbar miteinander verbunden. Die Motorik des Menschen als Ganzes betrachten: das ist richtig und notwendig, aber nicht ausreichend. *Der Mensch selbst muß als Ganzes betrachtet werden.* Dann fassen wir die Motorik zwar als ein *wichtiges,* aber eben nur als *ein* Element in dem wohlintegrierten „System Mensch" auf. E. Berger begreift den Menschen als *bio-psycho-soziale Einheit.* „Auf jeder dieser Ebenen gelten eigene Gesetze; zwischen den Ebenen bestehen Wechselwirkungen, die die Einheit realisieren" (Berger 1992, 11). Eine solche ganzheitliche Betrachtungsweise läßt die Frage zu: *Welchen Wert haben Haltung und Bewegung für den Menschen?* Im handlungstheoretischen Denken sind Haltung und Bewegung untrennbar mit Handeln verbunden. Sie sind nur aus den Situationen heraus, in denen sie stattfinden, in ihrer Bedeutung erklärbar. Sie sind die beobachtbaren Aspekte des *Bewegungshandelns* (Schönberger 1988). Einerseits werden durch Realisierung von Handlungen Haltung und Bewegung geübt, gefestigt, ermöglicht. Andrerseits kommen durch Haltungen und Bewegungen Handlungen zustande. Diese Haltungen und Bewegungen werden durch fortgesetztes Handeln differenzierter. Die dadurch errungenen Variationen in der Ausführung von Haltungen und Bewegungen machen neue Qualitäten von Bewegungshandeln möglich. So sind Haltungen und Bewegungen zugleich Voraussetzung *zum* und Ergebnis *von* Handeln.

Für den ganzheitlichen Ansatz im Bobath-Konzept bedeuten diese Überlegungen folgendes:

– Im Befund ist nicht nur die Haltungs- und Bewegungsanalyse über Beobachten und Beschreiben erforderlich, sondern auch eine Handlungsanalyse, die eine Deutung der Haltungen und Bewegungen vornimmt.
– In der Behandlung geht es um die Frage, wie sich das Bewegungshandeln des Kindes verwirklichen läßt und wie sich dabei die Qualität von Haltung und Bewegung verbessert und die sensomotorischen Erfahrungen erweitert werden können.
– In der übergreifenden Zielsetzung muß der Begriff der Handlungsfähigkeit seinen Platz finden.

2. Bewegungshandeln in der therapeutischen Arbeit mit einem Kind

Zwei Behandlungssequenzen, die in einer Unterrichtssituation während eines Bobath-Kurses stattfanden, nehme ich zum Anlaß, den Wert einer Haltungs- und Bewegungsanalyse und einer Handlungsanalyse zu verdeutlichen. Dieselben Situationen werden unter zwei verschiedenen Blickwinkeln betrachtet. Einmal werden Haltungen und Bewegungen kritisch beobachtet und unter bewegungswissenschaftlichen Gesichtspunkten analysiert und dann werden dieselben Haltungen und Bewegungen als Handlung gedeutet. Dies eröffnet die Möglichkeit, die Situation als Ganzes zu erfassen und im therapeutischen Prozeß Korrekturen anzubringen, die sich für die Eigenaktivität des Kindes und für den Dialog des Kindes mit der jeweiligen Therapeutin als günstig erweisen. Haltungs- und Bewegungsanalyse ist das Handwerkszeug jeder Bobath-TherapeutIn. Ich räume ihr gerade beim handlungsorientierten

Arbeiten innerhalb des Bobath-Konzepts *höchste* Priorität ein. Ich bin der Überzeugung, daß die Qualität der Haltungs- und Bewegungsanalyse und die Qualität der Behandlung direkt voneinander abhängen.

2.1 Behandlungssequenz: *Jörg steht zusammen mit der Therapeutin auf*

Jörg ist 4 Jahre alt. Zum Zeitpunkt der Behandlungssituation wissen wir, daß er sich am Boden mit verschiedenen Möglichkeiten selbständig bewegen und den Raum weiträumig erkunden kann. Er kann alleine auf die Knie kommen; zum Aufstehen und Stehen braucht er Hilfe. Seit noch nicht langer Zeit kann er auf einem Stuhl mit Lehne sitzen. Es ist uns bekannt, daß er zum Sitzen einen solchen geschützten Raum braucht. Im Kindergarten hat er einen Stuhl mit Lehne zur Verfügung. Sein sehnlichster Wunsch, den er auch ausspricht, ist, aufstehen, stehen und gehen zu können. Die Qualität seiner Haltungen und Bewegungen entspricht der einer spastischen Diparese. Die Physiotherapeutin, die mit Jörg arbeitet, befindet sich in der Phase, das Bewegungsverhalten von Jörg kennenzulernen. Dazu wählt sie eine Situation, die Jörgs Interesse findet. Bei der Beobachtung dieser Situation ist das *Einleiten* des Bewegungsablaufs „Aufstehen" von besonderer Bedeutung. Daher stelle ich nun die Haltungs- und Bewegungsanalyse für diesen Bewegungsausschnitt vor.

2.1.1 Haltungs- und Bewegungsanalyse

Ausgangssituation: Jörg und die Therapeutin sitzen an der Schmalseite einer Sitzbank, die vor einem Behandlungstisch steht. Dieser soll als Fläche dienen, auf die Jörg sich abstützen kann. Die Therapeutin sitzt hinter ihm. Sie hat ihre Hände auf Jörgs Knien liegen. Beide sitzen auf einem Sitzkissen. Es soll eine schräge Sitzebene nach vorne ermöglichen. Es ist jedoch zu groß und zu weich, so daß die Therapeutin bei jedem Hinsetzen durch ihr Gewicht den Effekt der schrägen Sitzebene nach vorne aufhebt.

Bewegungsablauf: Therapeutin und Kind stehen auf und setzen sich hin. Die *Einleitung* der jeweiligen Bewegung „Aufstehen" ist für mich hier von Bedeutung. Jörg beginnt die Bewegung, indem er den Oberkörper und die Arme vorbringt, manchmal so weit, daß er mit den Händen den Tisch berührt. Einige Male bewegt sich auch der rechte Fuß ein wenig nach hinten. Nur wenn es der Therapeutin gelingt, gleichzeitig mit ihm aufzustehen, bringt er den Oberkörper soweit über die Füße, daß der Bewegungsfluß nach vorne nicht gestört wird und er schließlich aufsteht. Er stützt sich dann mit den Armen auf dem Tisch ab und lehnt sich an der Tischkante an. Wieviel Gewicht er dann auf den Füßen trägt, läßt sich nicht genau sagen. Meistens ist es nun so, daß Jörg schneller aufsteht als die Therapeutin. Dann fehlt beim Bewegungsablauf der gemeinsame Rhythmus. Nach anfänglichem Vorkommen mit Oberkörper und Armen kehrt sich plötzlich die Bewegungsrichtung von Jörg um. Es gelingt der Therapeutin nicht, ihre Hände an den von ihr gewählten Kontrollpunkten – die beiden Knie von Jörg – effektiv bewegungsbahnend einzusetzen. Statt dessen stemmt sich Jörg mit den Füßen nach hinten, drückt sich mit Rücken und/oder Armen am Oberkörper der Therapeutin hoch, um sich dann, wenn er den Tisch vorne mit den Händen erreicht, von ihr zu lösen. Der Bewegungsablauf „Aufstehen" von Jörg läuft also meist über einen Umweg ab und wird dadurch fehlgeleitet. Dies vermittelt ihm unklare, weil nicht eindeutige sensomotorische Erfahrungen. Er kann sie nicht gut verwerten auf seinem Weg zum selbständigen Aufstehen.

2.1.2 Handlungsanalyse

Jörg zeigt deutlich durch verbale Äußerungen, durch seine Ausdauer und seine Intensität, daß ihm dieser Bewegungsablauf wichtig ist. Es ist *sein* Ziel, ihn immer wieder zu wiederholen. Er zeigt durch seine ungeduldigen Äußerungen, daß die Gestaltung der Situation nicht immer seinen Vorstellungen entspricht und er sich einige Male in der Interaktion mit der Therapeutin gestört fühlt.

Die Therapeutin läßt sich leiten von dem Wissen, daß Jörg Unterstützung beim Sitzen und Aufstehen braucht. Außerdem hat sie den Plan, durch ihre Hände und ihren Körper therapeutische Hilfen zur Tonusregulation und Aktivierung zu geben, die bewirken sollen, daß sich die Qualität von Haltung und Bewegung in dieser Situation verbessert. Durch die Inkongruenz im Bewegungsrhythmus beider, durch Plazieren ihrer Hände und ihres Körpers am ungeeigneten Ort und im unpassenden Moment und durch eine ungünstige Gestaltung der Sitzfläche mißlingt ihr Plan. Es gelingt nicht, die Situation so zu strukturieren, daß Jörg seine Bewegungsmöglichkeiten voll entfalten kann. Außerdem besteht eine unterschiedliche Auffassung beider über den Rhythmus von Pause und Aktivität. Die Therapeutin scheint häufiger der Auffassung zu sein, daß Jörg eine Pause benötigt. Er geht gelegentlich zögerlich darauf ein, ist aber eigentlich ganz erfüllt von seiner Handlung des Aufstehens und Hinsetzens.

Im Anschluß an diese Behandlungssequenz trug die anwesende Gruppe von TherapeutInnen die Beobachtungen zum bisherigen Ablauf zusammen, um dann Veränderungsvorschläge zu machen. Alle waren neugierig zu wissen, was Jörg *alleine* kann, wenn man ihm die Möglichkeit dazu gibt. Außerdem erschien es sinnvoll, den freien Sitz als eine Voraussetzung zum Aufstehen mehr in den Vordergrund zu rücken.

2.2 Behandlungssequenz „Spiel mit der Therapeutin im Sitz, Aufstehen und Hinsetzen allein"

2.2.1 Haltungs- und Bewegungsanalyse

Wir verändern die Situation, indem wir eine höhere Sitzebene und ein härteres und kleineres Schrägkissen für die Sitzfläche wählen. Außerdem wechselt die Therapeutin den Platz. Sie sitzt nun seitlich von Jörg und nicht hinter ihm wie in der ersten Behandlungssequenz. Mit Armen und Händen vermittelt die Therapeutin ihm im Sitz an der Bankkante das Gefühl für seine Stützpunkte und seine Unterstützungsfläche, während sich dabei ein Spiel mit dem Halstuch, das die Therapeutin an diesem Tag zufällig trägt, entwickelt. Nach einiger Zeit kann die Therapeutin ihre Hände lösen, und Jörg sitzt frei und spielt dabei mit dem Tuch. Anschließend beginnt Jörg ohne Aufforderung – er wählt den Zeitpunkt aus sich heraus – selbständig mit der minimalsten Hilfe der Therapeutin aufzustehen und sich hinzusetzen. Er ist damit beschäftigt, seine Bewegungsmöglichkeiten auf *seine* Weise auszuschöpfen. Er nimmt nur solche Hilfe an, die ihn vor dem Hinfallen bewahrt. Er experimentiert immer mehr um den Sitz herum; dadurch werden seine Beinbewegungen im Sitz immer differenzierter. Beim Hinsetzen sucht er sich über Spüren seine Sitzfläche. Den Sitz und das Hinsetzen gestaltet er mutig immer variabler. Innerhalb dieses Bewegungshandelns wird die Haltungskontrolle immer sicherer und seine Beinbewegungen immer differenzierter. Jörg spürt seine Fortschritte und drückt seine Erfolgsgefühle auch verbal aus.

Wie seine Erzieherin später berichtete, träumte Jörg nach diesem Ereignis während des Mittagsschlafs davon, indem er laut im Schlaf darüber sprach. Außerdem erfuhren wir, daß Jörg in dieser Situation erstmalig in seinem Leben frei saß, alleine aufstand und sich wieder hinsetzte.

2.2.2 Handlungsanalyse

Jörg findet Gefallen an dem Spiel mit dem Tuch, es wird ihm wichtig. Sein Ziel ist, es sich auf den Kopf zu legen und wieder herunterzunehmen. Er setzt sich solange damit auseinander, bis er Erfolg hat. Anschließend verändert Jörg sein Ziel und damit seinen Plan, indem er zur Überraschung aller Anwesenden entdeckt, daß er alleine eigenverantwortlich am Tisch aufstehen kann. Seine Handlung wird die Auseinandersetzung mit den Bewegungsmöglichkeiten seines Körpers. Man könnte sagen, daß sein Ziel in der kreisförmigen Wiederholung des Bewegungsablaufes Aufstehen und Hinsetzen an sich liegt, d. h. das Ziel liegt in der Handlung selber. Die Frage, ob er das Aufstehen erproben will und er deshalb den Vorgang immer wiederholt – vielleicht ist dies am Anfang eher so – oder ob er aufsteht, um das Hinsetzen und den Sitz zu erleben, läßt sich wohl kaum eindeutig beantworten. Dennoch ist es für therapeutische Gestaltungsmöglichkeiten wichtig zu wissen, daß es beide Möglichkeiten gibt.

Es waren Jörgs Ausdauer, sein Wille, den Ablauf selbständig zu gestalten, seine Neugier und sein Mut, *für sich* Neues auszuprobieren, seine Befriedigung und Freude über seinen Erfolg, die so eindrücklich zeigten, wie intensiv Jörg selber sein Handeln erlebte. Was für einen Wert dieses Bewegungshandeln für ihn darstellte, konnte man seinen Worten entnehmen, die er voller Begeisterung spontan äußerte: „Jetzt kann der Jörg sitzen! Jetzt sitzt er gut!" Er konnte also *seine* Ziele verwirklichen, *seine* Interessen verfolgen, den Ablauf auf *seine* Art gestalten. Hiermit habe ich auf die folgenden wichtigen Merkmale von Handlung hingewiesen:

Handlung ist eine menschliche Tätigkeit, die zielgerichtet, plangeleitet und wertorientiert ist. Handeln als *zielgerichtete* Tätigkeit beinhaltet das individuelle Streben des Handelnden, sein von ihm selbst festgelegtes Ziel zu erreichen. Ein Merkmal menschlichen – *plangeleiteten* – Handelns ist die Fähigkeit, das Tun zu strukturieren und zu ordnen. Es können sich Strategien des Handelns entwickeln. Sie stehen im direkten Bezug zu den Bewegungsstrategien, die der Handelnde sich aneignet. Mit „Plan" ist auch gemeint, daß das Tun auf ein Ziel hin vorausschauend ausgerichtet wird. Handeln als Einwirken auf die Welt beinhaltet die Möglichkeit, die vorhandenen Pläne auf neue Inhalte anzuwenden. Damit können sich sowohl die Inhalte ändern als auch die Pläne weiterentwickeln. Die *Wertorientiertheit* menschlichen Handelns liegt darin, daß die Bestimmung von Zielen ein Ergebnis von Wertentscheidungen ist. Die Werte orientieren sich an kulturellen Bedeutungen und an gesellschaftlichen Werten. Diese prägen die persönlichen Interessen und Bedürfnisse des Handelnden (vgl. Knebel 1992).

3. Handlungsorientiertes Arbeiten als Teil des Bobath-Konzepts

3.1 Legitimation und Voraussetzung für handlungsorientiertes Arbeiten

Die Wurzel und die Legitimation für handlungsorientierte Gestaltung der Therapie liegt nach meinem Verständnis *von Anfang an* im Bobath-Konzept. Eine wichtige Grundannahme im Bobath-Konzept: *„Wir lernen nicht eine Bewegung, sondern das Gefühl einer Bewegung"* (Bobath/Bobath, 60er Jahre, S. 4) war sicher Anlaß dafür, daß Karel und Berta Bobath die Bedeutung von Alltagssituationen für die Vermittlung von sensomotorischen Erfahrungen hoch einschätzten (Bobath, B. 1991). Sie hörten nie auf, darauf hinzuweisen, wie wichtig es wäre, die therapeutischen Hilfen für den Alltag des Kindes und seiner Bezugspersonen nutzbar zu machen.

Im handlungsorientierten Arbeiten gehen wir noch einen Schritt weiter in der von Karel und Berta Bobath bereits eingeschlagenen Richtung. Wir fragen: *Bei welchen Haltungen und Bewegungen werden sich sensomotorische Erfahrungen am ehesten einprägen?* Die Antwort lautet: Das Gefühl wird sich am ehesten für solche Haltungen und Bewegungen festigen, mit denen das Kind *sein Ziel* erreichen kann, mit denen das Kind *seinen Handlungsplan* verwirklichen kann, die für das Kind einen Sinn bzw. einen *Wert* haben und die das Kind mit seiner individuell bestmöglichen *Eigenaktivität* gestaltet. Wer diesen Überlegungen folgen kann, wird den engen Zusammenhang zwischen Bewegung und Handlung als wesentlich akzeptieren können.

Nun taucht allerdings die Frage auf, wie denn bei einer solchen Handlungsorientierung die Therapeutin „Herrin der Lage" bleiben soll. Eine hilfreiche Frage, denn sie provoziert eine grundsätzliche Stellungnahme: Handlungsorientiertes Arbeiten bedeutet *nicht,* auf die Einfälle und Initiative des Kindes zu warten, nur als Werkzeug der Wünsche des Kindes zu fungieren, auf eigene Ziele und Pläne für die Therapie zugunsten der Handlungsfreiheit des Kindes zu verzichten. Handlungsorientiertes Arbeiten fordert allerdings jede Therapeutin auf, ihre Rolle zu überprüfen. Es schließt aus, daß sich die Therapeutin verpflichtet fühlt, allein Gestalterin alles Geschehens in der Behandlung zu sein. *Sie dominiert nicht, sie liefert sich aber auch nicht aus, sondern sie ist Partnerin des Kindes und seiner Bezugspersonen.* Handlungsorientiertes Arbeiten setzt gewissermaßen gleichberechtigte Partner voraus, die eigenverantwortlich handeln und ihr Handeln in einem positiven, konstruktiven Sinne aufeinander abstimmen. So wird die Behandlung selbst zu einem gemeinsamen Handeln, zu dem jeder der Partner seinen eigenen Teil beiträgt. Ein wesentlicher Beitrag der Therapeutin in der zweiten Behandlungssequenz mit Jörg war ihr Vertrauen in Jörgs Eigenaktivität und in *seine* Handlungskompetenz. Dazu mußte sie aushalten, selber weniger aktiv zu sein. Weiterhin wurde vor Beginn des Spiels mit dem Tuch durch Situationsgestaltung und während des Spiels mit einigen wenigen Griffen sein Handeln unterstützt, so daß er seine dazu erforderlichen Haltungen und Bewegungen möglichst effektiv einsetzen konnte und sie sich dabei auch verbessern konnten.

Ein wichtiger Hinweis hierzu: Es liegt ganz eindeutig nicht in der Macht der Therapeutin, eine derartige Behandlungssituation planmäßig herbeizuführen. Sie entwickelt sich als geglücktes Ergebnis kooperativen gemeinsamen Handelns. Dabei spielt oft die auf fachlichem Können gründende Intuition der Therapeutin eine entscheidende Rolle. Franz Schönberger definiert Kooperation im Rahmen der „Kooperativen Pädagogik" wie folgt:

„Kooperation heißt, daß die Beteiligten ihr Handeln an gemeinsamen Werten orientieren und ihre Handlungspläne auf vereinbarte Ziele hin koordinieren. In der Bewegungsbehandlung setzt dies voraus, daß menschliche Bewegung als plangeleitet, wertorientiert und zielgerichtet – als Bewegungshandeln also – verstanden wird" (Schönberger 1988, 11).

Handlungsorientierte Therapie setzt also voraus, daß die Arbeit an Haltungen und Bewegungen des Kindes eingebettet ist in Handlungen des Kindes. Handlungsorientierte Therapie kann sich nur vollziehen, wenn die Handlungen des Kindes und der Therapeutin aufeinander abgestimmt werden und damit zu gemeinsamem kooperativen Handeln werden.

3.2 Das Ziel der Therapie beim handlungsorientierten Arbeiten

Handlungsorientiertes Arbeiten erfordert die Überprüfung der Ziele, die eine Bobath-TherapeutIn mit ihrer therapeutischen Arbeit anstrebt. In Kursen und Seminaren, die ich gebe, höre ich noch zu oft: Das Ziel der Bobath-Therapie ist, *normale* Haltung und Bewegung herzustellen bzw. anzustreben. Hier wird ein außerindividuelles Normsystem zugrunde gelegt. Die Hirnforschung konnte inzwischen ausreichende Hinweise dafür liefern, daß es eine Utopie ist, normale Haltung und Bewegung bei einem Kind mit eindeutiger cerebraler Bewegungsstörung erreichen zu können. Dies Ziel zu verfolgen, bewirkt Überforderung aller am therapeutischen Prozeß beteiligten Personen, Gefühle des Versagens, der Hoffnungslosigkeit, im schlimmsten Fall Zuweisung von Schuld.

Auch Bobaths hatten die Vorstellung, normalere Haltungen und Bewegungen über die Hemmung von pathologischen Haltungs- und Bewegungsmustern in Verbindung mit Bahnen anzustreben. Auch sie ließen sich mitreißen von der Hoffnung in den 60er und 70er Jahren, man könne die Folgen einer cerebralen Bewegungsstörung weitgehend beseitigen, wenn die Therapie früh genug einsetzen würde. Jedoch war dieser therapeutische Behandlungsschwerpunkt schon damals einem „übergreifenden Ziel" der Therapie untergeordnet, wie man aus Bertha Bobaths folgendem Zitat von 1963 entnehmen kann: „Das letzte Ziel jeglicher Art von Behandlung für ein Kind mit cerebralen Bewegungsstörungen ist es, ihm die größtmögliche Unabhängigkeit zu geben und es auf das Erwachsenenleben vorzubereiten" (Bobath, B. 1963, 1; Übers. G. R.). Halten wir uns an diese Aussage und orientieren wir uns an den neueren Ergebnissen der Hirnforschung, dann muß der außerindividuelle Maßstab aufgegeben werden. Das *Ziel* im handlungsorientierten Arbeiten läßt sich dann formulieren als: *Ermöglichen der individuell bestmöglichen Handlungsfähigkeit des Kindes über Eigenregulation und Eigenverantwortung*. Im handlungsorientierten Arbeiten gehen wir vom tatsächlich vorhandenen Entwicklungsstand jedes einzelnen Kindes aus. Wir sind herausgefordert, sehr genau das Bewegungshandeln des einzelnen Kindes im Zusammenleben mit seinen Bezugspersonen und in Auseinandersetzung mit seiner Umwelt zu erkennen und zu analysieren. Die *Verbesserung der Qualität von Haltung und Bewegung* bleibt nach wie vor ein wesentlicher Behandlungsschwerpunkt. Sie wird am ehesten erreicht, wenn es gelingt, das Kind darin zu unterstützen, sich selber variationsreichere Haltungen und Bewegungsabläufe zu erschließen. Dies ermöglicht ihm dann auch eine Erweiterung der Handlungsfähigkeit.

Handlungsorientiertes Arbeiten in der Bobath-Therapie verstehe ich wie folgt:

Solche Handlungen des Kindes werden von der Therapeutin aufgegriffen, die für das Kind von Bedeutung und gleichzeitig für *ihren* Behandlungsplan verwertbar sind. Sie entstehen oft unvorhergesehen aus der Situation heraus, die die Therapeutin entsprechend ihrem Wissen um die motorischen Probleme des Kindes vorstrukturiert.

Das Kind wird dieses Bewegungshandeln mit den ihm aktuell möglichen Haltungen und Bewegungen ausführen.

Die Erweiterung der Handlungspläne, die durch Realisieren der Handlungen stattfindet, muß in der fortschreitenden Behandlung genutzt werden. Dem Kind werden dabei die *ihm* bestmöglichen Haltungen und Bewegungen erfahrbar gemacht.

Die Therapeutin wirkt dazu unterstützend auf die Qualität von Haltung und Bewegung – insbesondere auf die Haltungskontrolle und die Bewegungsmuster – ein, indem sie das Bewegungshandeln des Kindes vorbereitend ermöglicht und situationsmitgestaltend begleitet.

Behandlungstechniken zur Aktivierung in Verbindung mit Tonusregulation stehen ihr dafür zu Verfügung. Sie setzt dazu ihre Hände und ihren Körper ein, wenn die Situationsgestaltung nicht ausreicht, um dem Kind qualitativ angepaßte Haltung und Bewegung zum Handeln zu ermöglichen. Dies ist insbesondere bei Menschen mit schwersten Mehrfachbehinderungen der Fall. Sie sind in besonderer Weise auf unsere Unterstützung angewiesen. Hier gilt es, die individuell bestmöglichen motorischen *Eigen-an-Teile* innerhalb *ihrer* Handlung zu gewährleisten.

Je besser es gelingt, das fachliche Wissen und Können der Therapeutin in den Dienst der von den Plänen, Zielen und Werten des Kindes geleiteten und vom Kind selbst initiierten Handlungen zu stellen, desto mehr Aussicht besteht darauf, die selbstorganisierenden Kräfte des Kindes zur Erweiterung seiner eigenen Handlungsfähigkeit zu mobilisieren.

Erfolgreich und befriedigend wird die bewegungstherapeutische Situation für Kind, TherapeutIn und Bezugspersonen immer dann sein, wenn alle zum *gemeinsamen Handeln* kommen.

Literatur

Berger, E. (1992): Menschliche Bewegungen und Bewegungstherapie – von der Schwierigkeit, den Therapieprozeß zu verstehen und das Therapieziel zu bestimmen. Bewegung und Entwicklung, Heft 23, 10–14

Bobath, B. (1963): Treatment principles and planning in cerebral palsy. In: Sonderdruck aus der Zeitschrift „Physiotherapy", April

– (1991): Die Entwicklung und die Veränderung des Neuro-Developmental-Treatment (NDT). In: Vereinigung der Bobath-Therapeuten Deutschlands e. V. (Hrsg.): Zum Gedenken an Dr. hc. Berta Bobath und Dr. med. Karel Bobath. Bremerhaven, S. 26–28

– Bobath, K.: Basic principles of treatment. In: Students' papers of the Bobath Centre. Zusammengestellt in den Jahren 1960–1970

Knebel, U. v. (1992): Fortbildungsreferat zum Begriff Kooperation. Blätter zur Kooperativen Pädagogik vom „Arbeitskreis Kooperative Pädagogik"

Ritter, G. (1988): Die zwischenmenschliche Beziehung in der Bewegungsbehandlung. Stadthagen

– (1998): Das Bobath-Konzept – Praxiserfahrungen und Fragen an die Theorie. Bewegung und Entwicklung, 21. Jg., H. 1, 31–38

Schönberger, F. (1988): Menschliche Bewegung ist Bewegungshandeln. In: Ritter, G.: Die zwischenmenschliche Beziehung in der Bewegungsbehandlung. Stadthagen

– Jetter, K.; Praschak, W. (1987): Bausteine der Kooperativen Pädagogik. Stadthagen

„Essen und Trinken" im frühen Kindesalter
Therapie und Förderung im Alltag des Kindes

Von Alfons Welling

„Die Kläger und ihre kleinen Kinder konnten ihre Mahlzeiten im Hotel nicht unbeschwert genießen. Der unausweichliche Anblick der Behinderten auf engem Raum bei jeder Mahlzeit verursachte Ekel (...)". Diese von Bleidick (1994, 403) referierte Urteilsbegründung des Amtsgerichts Flensburg aus dem Jahre 1992 kann als Dokument eines Alltags Behinderter am Ausgang des Jahrhunderts angesehen werden, in dem viele bereits höhere gesellschaftliche Toleranz vermutet hatten. Einem Ehepaar wurden die Kosten eines Urlaubs zurückerstattet, weil sie sich durch die Anwesenheit Schwerstbehinderter im Speiseraum des Hotels beeinträchtigt gefühlt hatten. Diese konnten „das Essen nicht in normaler Weise zu sich nehmen (...); es lief ihnen aus dem Mund in umgebundene Lätzchen", heißt es weiter im Urteilstext.

Warum kann eine Mahlzeit in der Öffentlichkeit so anstößig wirken? Gehört sie nicht zum Privatesten eines Menschen überhaupt? Ein Blick auf kulturelle und gesellschaftliche Hintergründe mag zu einer Klärung beitragen, denn eine *private* Angelegenheit ist eine Eß- und Trinktätigkeit noch nie gewesen. Diese Grundaussage wird von Mennell (1988) mit einer Bestandsaufnahme für bestimmte Epochen eindrucksvoll belegt: Vom Sog der Quantität in der mittelalterlichen Küche, als breite Schichten, bei ungesicherten Grundlagen der Ernährung, zwischen Darben und Völlerei schwanken mußten, als der fade und oft nur verlängerte Eintopf der Alltag und ein Fleischberg der Festtag war; von der Ausbildung des Geschmacks und vom erwachenden Sinn für die Qualität der Speisen in den oberitalienischen Städten der Renaissance; von der stilbildenden französischen Hofküche; vom repräsentativen bürgerlichen Mahl in der europäischen Hotel- und Restaurantküche des 19. und frühen 20. Jahrhunderts, aber auch von den Spielarten des Fast-Food – diese kulturell-gesellschaftlichen Bezüge der Eß- und Trinktätigkeit sind bei Mennell recht eindrücklich analysiert.

Betrachtet man das Flensburger Urteil im Lichte dieser Grundaussage, dann *muß* der behinderte Mensch mit den von ihm entwickelten Eß- und Trinkgewohnheiten zum „normalen" kulturell-gesellschaftlichen Habitus eine Art „Kontrast" bilden, milde ausgedrückt. Ein verschmiertes Gesicht verträgt sich eben nicht mit „zivilisierter" Eß- und Trinkkultur; und auch das Lätzchen für Erwachsene harmonisiert nicht mit den Bildern von Normalität.

Die Profession der Frühförderung behinderter und gefährdeter Säuglinge und Kleinkinder ist aufgerufen, diesen Horizont im Blick zu haben, ohne sie ihm preiszugeben und auszuliefern wie in Flensburg. Dazu bedarf es allerdings einer angemessenen Orientierungsgrundlage, bei der Eß- und Trinktätigkeiten als kultivierte Alltagshandlungen gelten, als solche erkannt werden können und von den Beteiligten als ein gemeinsames Tun erlebt werden. Solange man die persönlich bevorzugte Eß- und Trinkkultur als Maßstab nimmt, mag der Sinn dieser Aussage nachvollziehbar sein. Zweifel entstehen, wenn man sich die vielerorts praktizierte Gestaltung von Eß- und Trinksituationen mit behinderten Säuglingen und Kleinkindern vor Augen hält. Häufig werden diese Situationen auf das „richtige Funktionieren" reduziert, also auf Nahrungsaufnahme verengt. Begnügt man sich dann therapeutisch mit der lediglichen „Anwendung" von Techniken, gelangen wesentliche Möglichkeiten kultivierter Mitgestaltung des Kindes nicht ins Blickfeld.

Aber woran sollte sich die Frühförderung orientieren? In der diesbezüglichen Fachliteratur findet man eine Reihe von Ansätzen, die die Antwort nicht gerade erleichtern. Zu unterschiedlich sind ihre Vorannahmen, häufig zu eng gefaßt ihre Grundlagen. Vielfach verraten sie bereits mit der Verwendung bestimmter Formulierungen ihr Blickfeld und damit ihren pädagogischen und therapeutischen Denkansatz. Dies beginnt bereits bei der Sprachverwendung. Zuweilen wird von *Eß- und Trinksituationen als Situationen sozialen Austausches* gesprochen, häufig nur von *Essen* und von *Trinken,* von *Eß- und Trinktätigkeit* oder von *Eß- und Trinktherapie.* In der Regel aber ist von *Ernährung* und von *Nahrungsaufnahme* die Rede oder gar von *Fütterung* – alles Beschreibungen, die jeweils ein ganz bestimmtes Kindbild zum Ausdruck bringen.

Im folgenden werden eine Reihe von Praxisansätzen dargestellt, die sich um das Problemfeld *„Essen und Trinken" im frühen Kindesalter* bemühen. Diese Ansätze im Überblick darzustellen und sie dann anhand ausgewählter Prüfkriterien pädagogisch-therapeutisch zu gewichten, ist das Anliegen dieses Beitrags. Anders ausgedrückt: Es ist Ziel dieser Ausführungen, anhand ausgewählter Ordnungsgesichtspunkte die Hintergründe, Absichten, Methoden und Folgen von Praxisansätzen zu illustrieren. Bei jedem einzelnen wird hauptsächlich der jeweils zugrundeliegende Begriff *Entwicklung* von „Essen und Trinken" im frühen Kindesalter herausgestellt. Soweit diskutiert, wird auch von „Intervention" (als einer Form von Situationsgestaltung in Förderung und Therapie) zu sprechen sein.

Die in diesem Beitrag verwendete Beschreibungsform verwendet den Terminus *„Essen und Trinken",* wenn funktionelle Mechanismen angesprochen sind, *Eß- und Trinktätigkeit(en),* wenn der verfolgte Ansatz allgemein die Tätigkeit des Kindes impliziert, und *Eß- und Trinkhandlung(en),* wenn eine explizit handlungstheoretische Argumentation zugrunde liegt.

1. „Essen und Trinken" im frühen Kindesalter
Theorie- und Therapieansätze

Neuere Förder- und Therapieansätze basieren auf verschiedenartigen Denkansätzen und Konzepten von Entwicklung. Die grundlegenden „paradigmatischen" Unterschiede sind keineswegs nur von theoretischem Interesse; sie sind durch und durch praxiswirksam. Auf die Folgen dieses Zusammenhangs verweisen auch Michaelis und Niemann (1995, 45), wenn sie ausführen: „Welches ‚Entwicklungsparadigma' wie gelehrt, wie verstanden und wie in der täglichen Praxis angewendet wird, entscheidet im Detail darüber, welche Kinder in ihrer Entwicklung als auffällig, pathologisch oder unauffällig angesehen werden." Diese Aussage kann Geltung beanspruchen auch für das Praxisfeld *„Essen und Trinken" im frühen Kindesalter.*

Die im folgenden kurz umrissenen Ansätze beziehen sich allesamt auf diese frühe Altersstufe. Sie werden jeweils hinsichtlich ihrer entwicklungstheoretischen Hauptaussagen befragt und lassen sich in zwei Hauptgruppen einteilen: in die endogenistische und interaktionistische. Bis auf zwei Ausnahmen – Largo und Bosma – thematisieren alle im folgenden zu Wort kommenden Autorinnen und Autoren das Problem des „Essens und Trinkens" bei Kindern mit zerebraler Bewegungsstörung.

Gemeinsam ist allen Ansätzen, daß sie den Begriff der Funktion stark betonen. So ist beispielsweise die Zungenhebung beim Schlucken eine Funktion der anatomischen Gegebenheiten des oralen Raumes. Die Interpretation der Funktion und die Bedeutung, die ihr in den verschiedenen Entwicklungstheorien zugemessen wird, ist allerdings verschieden – endogenistisch (aus dem Innern stammend) oder interaktionistisch (soziale Wechselbeziehungen betonend).

1.1 Endogenistische Ansätze

Es ist offenkundig, daß sich einige Ansätze zum Praxisfeld „Essen und Trinken" zu den sogenannten endogenistischen Entwicklungstheorien zählen lassen. Versteht man unter endogenistisch, daß die Entwicklung vor allem als Reifung interpretiert wird, als *Entfaltungsprozeß,* der aus dem Innern des Organismus gesteuert ist (zusammenfassend Flammer [2]1996, 37 ff.), dann gehören in diese Gruppe die Arbeiten der Logopädin Morris und der Ergotherapeutin Klein (Morris/Klein 1995; Morris 1985; 1987; 1989; 1993) sowie der Pädiaterin und Pädaudiologin Arvedson (1993 a; 1993 b). Die endogenistische Begründung von Entwicklungsvorgängen in diesen Arbeiten wird deutlich, wenn die Autorinnen betonen (Morris/Klein 1995, 73): „Ein inneres Programm steuert klar und eindeutig die Bewegungskoordination von Kiefer, Zunge, Gaumen, Lippen und Wangen und die Entwicklung eines gewandten, reifen Eßmusters." Entsprechend teilen sie die Entwicklung des „Essens und Trinkens" nach dem Gesichtspunkt von Teilfunktionen auf, die sich vorgeblich nach folgendem Aufbau entfalten:

(a) Saugen an der Brust, aus der Flasche und dann aus dem Becher,
(b) Saugen breiiger Nahrung vom Löffel,
(c) Schlucken von flüssiger, breiiger und dann fester Nahrung,
(d) Abbeißen und schließlich
(e) Kauen.

Über diese Teilfunktionen nehmen Morris und Klein (1995, 9 ff.) an, daß sie sich im Sinne einer Phasenlehre durch innere Reifung ausdifferenzieren. Ganz in endogenistischer „Logik", daß sich die jeweilige Funktion „sowohl aus der neurologischen Reife als auch aus den anatomischen Gegebenheiten" ergibt, stellen sie die anatomischen Unterschiede im Mund- und Rachenraum des Neugeborenen denen des Erwachsenen gegenüber und bestimmen „Meilensteine" der Entwicklung von Saug-, Schluck-, Beiß- und Kaumustern. Die für jede Teilfunktion angenommenen „Entwicklungsabfolgen" bestehen in jeweils deskriptiv dargestellten Bewegungsmustern. In dieser Lesart „entwickelt" sich beispielsweise das Saugen an der Brust oder aus der Flasche in Form von „Vor-Zurück- oder Auf-Ab-Saugmustern" mit mehr oder weniger hohem Flüssigkeitsverlust beim Saugen oder beim An- und Absetzen (im Alter von ungefähr ein bis sechs Monaten), über keinerlei Flüssigkeitsverlust mehr bei diesen Tätigkeiten (im Alter von neun Monaten), bis die Kinder (mit etwa zwölf Monaten) „den Übergang zum Becher geschafft" haben.

Befunderhebungen liegen ebenfalls solcherart Betrachtungen von Teilfunktionen der orofazialen Entwicklung zugrunde, auch für einschränkende Bewegungsmuster. Denn entsprechend dem endogenistischen Grundsatz ist der verwendete Störungsbegriff im Organismus angelegt, in den Organen. Das Gleichgewicht und die Harmonie zwischen den verschiedenen Teilfunktionen des „Essens und Trinkens", auf die die Entwicklung im günstigsten Fall zustrebt, sei beeinträchtigt, so die Autorinnen. In diesem Sinne könnten sich „die Entwicklung und Effizienz der mundmotorischen Fähigkeiten komplizieren, wenn der Säugling neurologische Störungen aufweist und seine mundmotorische Entwicklung sich nicht an das fein koordinierte Zusammenspiel neurologischer und anatomischer Reifung hält" (Morris/Klein 1995, 12).

Was die Zielgruppe ihrer therapeutischen Überlegungen betrifft, haben die Autorinnen in erster Linie das Kind mit Bewegungsstörung vor Augen: „The child with CP often has difficulty in the oral and respiratory systems while eating" (Morris 1987, 78). Deshalb plädieren sie für den Aufbau grundlegender koordinierter Bewegungsmuster des oralen, phonatorischen und respiratorischen Systems durch funktionelle und bewegungsanbahnende Übungen. Eltern und Kind kommen in der „Planung eines effektiven Behandlungsprogramms" (114) insofern vor, als sie „lernen müssen, was der Therapeut ihnen beibringt" (117). In Orientierung am Ansatz des „Oral-Motor-Treatment", der im Unterschied zur „feeding therapy" den Schwerpunkt nicht direkt auf die Mechanismen des „Essens und Trinkens" wie Saugen, Kauen, Beißen und Schlucken legt, machen die Autorinnen Vorschläge für die Schaffung einer *Grundlage* oraler Nahrungsaufnahme im Sinne des Aufbaus koordinierter Bewegungsmuster des respiratorischen, phonatorischen und nicht zuletzt oralen Raumes (besonders Morris 1989, 136 f.).

Auf vergleichbarer endogenistischer Charakteristik gründet der Ansatz der Pädiaterin und Pädaudiologin Arvedson (1993 a; 1993 b; Arvedson/Brodsky 1993); sie bezieht sich auf dieselbe Zielgruppe der Kinder mit Bewegungsstörung, verficht ebenfalls den therapeutischen Ansatz des „Oral-Motor-Treatment" und vertritt eine vergleichbare Therapiemethodik.

In Anlehnung an Pridham (1990) liefert sie einen Überblick über „Meilensteine" (Arvedson 1993 a, 251) der sogenannten normalen Entwicklung von „Essen und Trinken". Arvedson befaßt sich mit den ersten 24 Lebensmonaten des Kindes und, was die Funktion „Essen und Trinken" betrifft, vor allem mit der zweiten Hälfte des ersten Lebensjahres. Folgende Entwicklungsstufen werden angenommen (253):

(a) Bereitschaft, etwas vom Löffel zu essen (entfaltet sich mit etwa vier bis sechs Monaten), wenn die Extensions-Retraktionsbewegungen der Zunge entwicklungsmäßig abnehmen,
(b) festere und gröbere Nahrung erforderlichenfalls kauen (beginnt mit etwa sechs Monaten), wenn das Kind über die „Reife" einfacher, vertikaler Kieferbewegungen verfügt, was sich in den folgenden Monaten noch ausbaut, wenn das Kind (mit etwa 7 Monaten) zu rotierenden Kieferbewegungen und zu höherer Zungenmotilität in der Lage ist,
(c) selbständig mit den Fingern oder mit dem Löffel essen (mit etwa neun Monaten), wenn dem Kind der Transfer zwischen den Händen und der Pinzettengriff möglich ist (Macie/Arvedson 1993, 216 f.),
(d) aus der Tasse trinken und selbständiges Umgehen mit der Flasche (ab etwa acht Monaten), wobei es dem Kind (mit etwa neun Monaten) gelingt, mehrere Schlucke aus einer Tasse zu nehmen, wenn diese von einem Erwachsenen gehalten wird, um dann (mit zwölf Monaten) jede Art von Flüssigkeiten ohne weitere Unterstützung aus der Tasse zu trinken.

Die Annahmen über die Ausbildung dieser Funktionen, die ihnen zugeschriebenen Tätigkeiten und die zugedachten Altersangaben sind im Zusammenhang mit der Grundauffassung des Endogenismus zu interpretieren. Mit der Annahme sogenannter kritischer und/oder sensibler Perioden wird das Kind als weitgehend von innen gesteuert gesehen, und die Möglichkeit gezielter Beeinflussung von außen entsprechend für gering gehalten: „The term *critical period* is applied to a fairly well-delineated period in which specific stimuli *must* be applied in order to produce a particular action. After that critical time, the desired action can no longer be learned. The term *sensitive period* (directly relevant to most normal and handicapped children) is applied to an optimal time for the application of such stimuli, after which it is *more difficult* to learn a desired action or pattern of behavior" (Arvedson 1993 a, 251, Hervorhebg. i. Orig). Also hieße die Folgerung für die Therapie, die eng gesetzten „Meilensteine" nicht zu verlassen und gegebenenfalls zu verpassen!

Ebenso wie Morris und Klein befassen sich Arvedson und die anderen in diesem Zusammenhang genannten Autoren mit der Gruppe der Kinder mit zerebraler Bewegungsstörung. Im Rahmen des „Oral-Motor-Treatment" beschreiben sie die orale Nahrungsaufnahme als Fernziel ihrer Therapie, als Nahziel den Aufbau koordinierter Bewegungen des oralen Raumes (einschließlich Phonation und Respiration; Arvedson 1993 b, 327 f.). Ebenso wie Morris und Klein thematisiert Arvedson ihren therapeutischen Ansatz mit Blick auf die spezifischen Strukturen des oralen Traktes (Kiefer, Lippen, Zunge usw.) und ihrer Funktionsweisen.

Faßt man diese Arbeiten zusammen, so ist die endogenistische Charakteristik zum Praxisproblem „Essen und Trinken" bei Kindern mit zerebraler Bewegungsstörung offenkundig. Sowohl Morris und Klein als auch Arvedson gehen von einer Art Phasenlehre der Entwicklung von „Essen und Trinken" aus. Insofern sie in diesem Denkzusammenhang die (neurologische und anatomische) *Funktion* ins Zentrum der Betrachtung rücken, sehen sie die jeweilige Funktion der einen Entwicklungsstufe als Voraussetzung für die qualitativ höhere Funktion der folgenden Stufe. In diesem Sinne wäre therapeutisch darauf zu achten, daß die theoretisch angenommene Reihenfolge der Entwicklung der einzelnen Funktionen praktisch eingehalten wird.

Weitere Ansätze mit einem vergleichbaren endogenistischen „Entwicklungsparadigma" (Michaelis/Niemann 1995, 43) sind die von Alexander (1987a; 1987b) und Pipes (1993; Pipes/Trahms 1993; Pipes/Glass 1993). Pipes (1993) beruft sich ausdrücklich auf Gesell und Ilg, die 1937 als erste eine Studie über das „Essen" im frühen Kindesalter veröffentlichten (Flammer 1996, 37 ff., zum endogenistisch-historischen Hintergrund). Für sie ist Entwicklung ein invariabler Prozeß, der genetisch vorgegeben ist.

Diesen Entwicklungsgedanken verfolgt auch die Schweizer Logopädin Müller (1971; 1985). Allerdings scheint in ihren Schriften ansatzweise bereits das interaktionistische Paradigma durch.

1.2 Interaktionistische Ansätze

In der Reihe der interaktionistischen Arbeiten können diejenigen zusammengefaßt werden, die „sowohl dem Entwicklungssubjekt als auch dem Entwicklungskontext gestaltende Funktion" einräumen (Montada 1995, 9). Was die Entwicklung von Eß- und Trinktätigkeit betrifft, spielen die Wechselbeziehungen zwischen dem Kind und seinen Bezugspersonen bzw. der sozialen Umwelt in diesen Ansätzen eine entscheidende Rolle. Drei Ansätze sollen hier kurz besprochen werden: der von Müller, der in erster Linie eine therapeutische Absicht verfolgt, und die Ansätze von Largo und von Bosma, die vornehmlich den Entwicklungsgedanken herausstellen.

Die erste der genannten Autoren, die Logopädin Müller (1971; 1985), geht implizit von einer Art Endogenismus der Eß- und Trinkentwicklung aus. Recht eng legt sie dabei die von ihr angenommenen Entwicklungsphasen für die Therapiepraxis aus. Nach ihrer Auffassung durchläuft das Kind auf dem Weg zur selbständigen Eß- und Trinktätigkeit eine Reihe von Phasen, in denen die Voraussetzungen für die jeweils folgende Kompetenz „ausreifen". So gesehen kommt zumindest zwischen den Zeilen eine endogenistische Sicht in ihrer rigiden Auslegung zum Ausdruck. Ihre therapiepraktischen Vorschläge für die Behandlung von Kindern, Säuglingen und Kleinkindern mit zerebraler Bewegungsstörung betonen allerdings die Interaktion, beispielsweise wenn sie der Therapeutin auf der Grundlage des Bobath-Konzeptes der 60er Jahre (Inhibition und Fazilitation; Ritter 1998) nahelegt, „die motorische Führung allmählich ... (zu reduzieren), bis das Kind schließlich spontan die Kontrolle völlig übernimmt" (1971, 18). Für Müller ist „normales Essen und Trinken" in alltäglicher Gemeinschaft das Ziel, wozu sie die erwachsenen Bezugspersonen ausdrücklich ermuntert und in die Mitverantwortung nimmt. Deshalb sollten spezielles Eßbesteck, spezielle Becher usw., also „das Essen erleichternde Hilfsmittel so wenig wie möglich benutzt werden" (1985, 142): Entwicklung als Ausreifung, Normalität als Ziel, Interaktion als Weg – so etwa ließe sich dieser Therapieansatz kurz beschreiben.

Während die Beiträge von Müller ein therapiepraktisches Interesse der 60er und 70er Jahre wiedergeben, tritt Largo (1995) mit dem Anspruch an, auf der Grundlage eines neurologischen Paradigmas der 90er Jahre Aussagen zur Eß- und Trinktätigkeit zu machen, allerdings nicht mit therapeutischem Praxisinteresse, sondern mit entwicklungsbiologischem Erkenntnisinteresse (Largo 1995, 359): „Essen und Trinken sind physiologische Notwendigkeiten wie Atmen oder Schlafen." Diese Einleitung über den quasizwanghaft im Organismus wirkenden physiologischen Bedarf ergänzt Largo durch Grundannahmen darüber, daß Eß- und Trinktätigkeiten nicht im gesellschaftslosen Raum stattfinden: „Freier sind wir in der Art und Weise, wie wir uns ernähren. Aber was wir essen, wie wir die Nahrung zu uns nehmen und welche gefühlsmäßige und soziale Bedeutung wir dem Essen zumessen, ist von Mensch zu Mensch, von Familie zu Familie und von Gesellschaft zu Gesellschaft verschieden." Zwischen physiologischer Notwendigkeit auf der einen und individueller Freiheit und Eigenheit sowie familiären Erfahrungen auf der anderen Seite sieht Largo die Entwicklung von Eß- und Trinktätigkeiten ermöglicht.

Entsprechend der oben definierten interaktionistischen Lesart thematisiert Largo einerseits die Funktion, beispielsweise die (Mund-)Motorik oder die Körperfunktionen Geschmack, Verdauung und Ausscheidung. Andererseits ist von aktiver Übung oder Einübung die Rede, weil er die Funktion in Abhängigkeit von den Umweltgegebenheiten, beispielsweise von der Trinkmenge oder den Erfahrungen in den Eß- und Trinksituationen, betrachtet. Zwar mißt der Autor Reifungsprozessen eine wichtige Bedeutung für die Entwicklung bei. Interaktive Prozesse seien aber entscheidender als reifungsbedingte, weil letztere kulturell überformt würden – und dies bereits von Beginn der Entwicklung an, der pränatalen Periode. Überdies erwürben die Kinder die reifungsmäßigen Voraussetzungen individuell verschieden, arbeiteten ihre Verdauung und ihr Stoffwechsel unterschiedlich, begännen sie in unterschiedlichen Altersstufen zu beißen oder zu kauen, seien sie in unterschiedlichen Altersstufen bereit, den Löffel zu benutzen, und würden sie zu unterschiedlichen Zeitpunkten und bezogen auf verschiedene Tätigkeiten selbständig. Variabilitäten also seien normal!

Gerade der *selbständigen* Eß- und Trinktätigkeit wird von Largo hohe Bedeutung beigemessen. Der Drang des Kindes zur Selbständigkeit wird einerseits (gleichsam endogenistisch) in den Rang einer „kritischen Periode" im zweiten Lebensjahr gehoben. Dann, so Largo (1995, 421 f.), hat das Kind „ein großes Bedürfnis, selbständig zu werden. Kann dieses Bedürfnis nicht befriedigt werden, drohen langwierige Eßstörungen". Andererseits verlegt Largo die Ausformung der Selbständigkeit in den Alltagsrahmen interaktionaler sozialer Situationsgestaltung.

Die interaktionistische Grundeinstellung wird beispielartig an folgender „didaktischer" Aussage deutlich:

„Das Kind wird nach wenigen Tagen bis Wochen mit dem Löffel selbständig essen, wenn die Eltern ihm ausreichend Gelegenheit geben, die nötigen Erfahrungen zu machen. Den Gebrauch des Löffels können die Eltern ihrem Kind nicht eigentlich beibringen. Sie können ihm lediglich einige Hilfestellungen geben. Die Eltern tragen am meisten zu diesem Lernprozeß bei, wenn sie sich für die Mahlzeiten ausreichend Zeit nehmen und die Eßsituation so gestalten, daß sie sich über das unvermeidliche Geklecker nicht ärgern müssen" (Largo 1995, 421).

Interaktion zwischen Eltern und Kind ist bei einem weiteren Autor der zentrale Punkt, ebenfalls eingebunden in Reifungsprozesse. So spricht der Pädiater Bosma (1986, 210) von einem „feeding-ready state", der zur Ausbildung bestimmter Eßfunktionen vorhanden sein muß. Einerseits. Andererseits sieht Bosma „das Füttern" aus entwicklungstheoretischer Perspektive nicht auf den Akt der Nahrungsaufnahme bzw. Essens- und Trinkgabe beschränkt. Vielmehr müsse die komplexe Situationsgestaltung einer Mahlzeit bedacht werden. Dazu gehört nach Bosma (214) der unmittelbare Zeitraum vor dem Essen und Trinken wie danach, weil dies die fruchtbaren Momente für die soziale Ausarbeitung stimmlicher und sprachlicher Kommunikationsformate zwischen erwachsener Bezugsperson und Kind darstellen. Bosma (218) spricht in diesem Zusammenhang von „external feeding performance", thematisiert so die aktiven Vollzugsprozesse und damit das Verhältnis von individueller und sozialer Bedeutung, die die Eß- und Trinktätigkeiten für die Beteiligten gewinnen könnten. Voraussetzung hierfür sei, daß die erwachsenen Bezugspersonen einen Blick für die Kompetenzen des Kindes in diesem Alltagsgeschehen gewännen, weshalb die Faktoren familiärer Sozialisation ausschlaggebend seien (217).

Faßt man auch diese Ansätze zusammen, wird ihre interaktionistische Charakteristik dadurch deutlich, daß nicht allein das Kind mit seiner funktionellen Ausstattung und nicht allein der Kontext in seiner spezifischen sozialen Geformtheit, sondern die *Beziehung* zwischen diesen beiden „Polen" das bevorzugte Orientierungskriterium bildet. Zwar wird die Funktion im biologischen System betont; dem Organismus wird aber die Fähigkeit (Kompetenz) zugesprochen, sich von frühester Kindheit an den sozialen und kulturellen Anforderungen anzupassen (Adaption).

2. Kriterienbezogene Prüfung der Ansätze

Die entwicklungstheoretische und therapiedidaktische Betrachtung der Ansätze von „Essen und Trinken" im frühen Kindesalter soll in diesem Kapitel fortgesetzt werden, und zwar in kritischer entwicklungsneurologischer und neuropädiatrischer Perspektive. Nach Michaelis und Niemann (1995) können Entwicklungsverläufe paradigmatisch hinsichtlich zweier verschiedener Entwicklungsprinzipien verstanden und beurteilt werden: dem hier sogenannten *Entwicklungsmodell I* und dem *Entwicklungsmodell II* (Tabelle). Zunächst wird die Tabelle kurz erläutert, bevor die zuvor dargestellten Ansätze im Lichte dieser Grundaussagen besprochen werden.

Entwicklungsmodell I	**Entwicklungsmodell II**
hierarchisch-deterministisch	adaptiv-systemisch
Entwicklung: Reifung von unreifen zu reifen Stufen (gendeterminiert)	*Entwicklung:* Lernen aufgrund von Anpassungsprozessen an die Umweltanforderungen (interaktiv)
Entwicklungsschritte: in ihrem Ablauf hierarchisch festgelegt (funktionell geordnet, konsistent)	*Entwicklungsschritte:* inter- und intraindividuell unterschiedlich (individuell geordnet, auch inkonsistent)
Entwicklungsprozesse: weitgehend invariabel	*Entwicklungsprozesse:* weitgehend variabel
Invariabilität = Normalität Variabilität = Pathologie	Variabilität = Normalität Invariabilität = Pathologie
Diagnostik und Therapie: eher funktionsbezogen	*Diagnostik und Therapie:* eher kompetenzbezogen

Tab.: Entwicklungsmodelle – paradigmatische Unterschiede (nach Michaelis/Niemann 1995, 45 ff.)

(1) Das *Entwicklungsmodell I* steht für eine ältere hierarchisch-deterministische Betrachtungsweise. Danach wird insbesondere die Großhirnrinde als hierarchisch-elitäre Struktur gesehen. Diese beherrscht als Sitz des Bewußtseins und der Vernunft, der Willkür und der Gesamtsteuerung die älteren, „niederen" Teile des Gehirns. Das Zentralnervensystem wandelt als Verarbeitungsinstanz eingehende innere und äußere Reize zu Reaktionen und willkürlichen Bewegungen um und verarbeitet sie. Steuerung ist also weitgehend „von oben" determiniert (Hoehne 1998). Entwicklung wird als gendeterminiert angesehen, als Reifung von unreifen zu reiferen Stufen voranschreitend. Die einzelnen Schritte sind in ihrem Aufbau zeitlich und hierarchisch festgelegt und damit vorhersehbar. Entsprechend wird vorausgesetzt, daß normale Entwicklungsprozesse weitgehend invariabel verlaufen; so bedeutet Invariabilität Normalität und Variabilität Pathologie. Diagnostik und Therapie, möglichst im frühen Kindesalter angesetzt, halten sich streng an das gendeterminierte Funktionieren.

(2) Das adaptiv-systemische *Entwicklungsmodell II* beinhaltet ebenfalls systemimmanente Konsequenzen. *Adaptiv-systemisch* heißt, daß alltägliche Umwelterfahrungen des Kindes seine Anpassungsfähigkeiten herausfordern und das biologische System (Teilsysteme wie Motorik, Sprache etc.) verändern. Insofern ist dieses Modell interaktionistisch; es thematisiert die Beziehung des sich entwickelnden Kindes zu den personalen und materialen Umweltgegebenheiten, die kulturgebunden interpretiert, gesellschaftsbezogen gedeutet und im einzelnen lebensweltlich spezifiziert werden müssen. (Letzteres führt allerdings über eine entwicklungsneurologische Betrachtungsweise hinaus.) Entwicklungsschritte sind, wenn überhaupt, nur im großen und ganzen vorhersagbar, nicht im einzelnen; denn sie sind in der Regel inter- und intraindividuell unterschiedlich. „*Variabilität* in der Entwicklung ist somit ein besonders verläßliches Charakteristikum der kindlichen *normalen* Entwicklung, *Invariabilität* aber als *Pathologie* zu bewerten (…)" (Michaelis/Niemann 1995, 47; Hervorhebg. i. Orig.). Diagnostik und Therapie beziehen sich auf die zu jedem Zeitpunkt jeweils entwickelten Kompetenzen des Kindes.

Es ist unschwer zu erkennen, wie die oben (im 1. Kapitel) vorgestellten Ansätze zugeordnet werden können. Während die endogenistischen Denkansätze eher dem Grundgedanken und den systemimmanenten Konsequenzen von *Entwicklungsmodell I* folgen, harmonieren die interaktionistischen Ansätze gut mit dem adaptiv-systemischen *Entwicklungsmodell II* und bauen teilweise sogar auf ihm auf. Doch zunächst zur ersten Gruppe.

(1) Die wichtigsten Determinanten des zugrundeliegenden endogenistischen Menschenbildes, die Entwicklungsmotoren und Richtungsgeber, sind allesamt im Organismus angelegt. Dies entspricht dem Entwicklungsgedanken: „Eine Reihe verbundener Funktionen und Übergänge von einer Funktion zur anderen bilden die wesentlichen Elemente der normalen Entwicklung" (Morris/Klein 1995, 2). Hiernach sind bestimmte Entwicklungsschritte nicht nur qualitativ und funktionell, sondern auch zeitlich anhand relativ genauer Altersangaben festgelegt. Damit sind die Entwicklungsprozesse weitgehend invariabel, weshalb eine Störung kindlicher Eß- und Trinktätigkeit scheinbar leicht als Abweichung von diesen als invariabel angenommenen Entwicklungsverläufen gefaßt werden kann.

So sind nach diesem Modell die Möglichkeiten gezielter therapeutischer Beeinflussung der Eß- und Trinktätigkeit des Säuglings und Kleinkindes eher gering; denn für jede therapeutische Entwicklungsbeeinflussung muß eine reifemäßige Bereitschaft des Kindes vorhanden sein. Inhaltlich geht die Therapie, wie gesehen, über eine funktionsbezogene Beeinflussung nicht hinaus und bewegt sich zudem auf unsicherer empirischer Grundlage; denn die von den Autorinnen angenommenen charakteristischen Zungenbewegungen in zwei Phasen des Saugens konnten in neueren Studien nicht eindeutig nachgewiesen werden (Wolf/Glass 1992, 19).

Insgesamt betrachtet sind die entwicklungstheoretischen Auffassungen von Morris und Klein und von Arvedson nach neueren entwicklungsneurologischen und neuropädiatrischen Erkenntnissen nicht haltbar (ebenso Touwen 1996). Entsprechend sind auch die Therapieansätze dieser Autorengruppen sowie die von Alexander und von Pipes, teilweise auch die von Müller (was ihre implizite Entwicklungsauffassung ihres Therapieansatzes betrifft), obsolet. Die Grundannahmen werden weder der (inter- und intra-)individuellen Entwicklung des Kindes einschließlich dessen Eß- und Trinkkompetenzen noch ihrer im wesentlichen sozialen Bezogenheit gerecht.

(2) Anders dagegen die interaktionistischen Ansätze, deren Grundlage das adaptiv-systemische *Entwicklungsmodell II* bildet. Die Darstellungen von Largo (1995) enthalten Seite für Seite wichtige Hinweise auf die Verschiedenheiten von Entwicklungsprozessen und Entwicklungsschritten, inter- und intraindividuell. Wäre es anders, das heißt, würde man bei einem Kind invariable Entwicklungsschritte meinen zu sehen, wäre vermutlich Pathologisches im Spiel (Touwen 1984). Welches Gewicht kommt diesen Ansätzen für Diagnostik und Therapie zu? Diagnostisch ließen sich bei Largo oder bei Bosma eine Reihe von Anhaltspunkten gewinnen, wenn man eines entwicklungsbiologischen Bezugssystems für die „Normalentwicklung von Essen und Trinken" bedarf. Sowohl diagnostisch also auch therapeutisch stellen die Autoren keine zureichende Quelle dar, da sie in erster Linie ein entwicklungstheoretisches Erkenntnisinteresse vertreten – in Orientierung am *Entwicklungsmodell II*.

Völlig im Einklang mit Largo und Bosma fassen Michaelis und Niemann (1995, 47) den entwicklungstheoretischen Grundgedanken zusammen:

„Der Begriff ‚Entwicklung' beinhaltet in unserem Zusammenhang die Fähigkeit eines Organismus, sich lebenslang und nicht nur in der Kindheit an die Anforderungen der vorgegebenen Lebenswelt zu adaptieren. Anders und vereinfacht formuliert: Reifungsprozesse laufen vorrangig gendeterminiert ab, Entwicklungsprozesse antworten dagegen überwiegend – und natürlich in einem vorgegebenen gendeterminierten Rahmen – adaptiv auf Vorgaben, welche durch die Umweltbedingungen, durch familiäre und kulturelle Forderungen gestellt werden, in denen und mit denen das Kind aufwächst und zu leben hat."

Damit ist eine wichtige entwicklungsneurologische und neuropädiatrische Perspektive für das Verständnis der grundlegenden menschlichen Tätigkeiten des Essens und Trinkens eröffnet. Diese Perspektive ist notwendig, aber nicht ausreichend. Sie allein genügt nicht den Ansprüchen, die an eine umgreifende pädagogische Situationsgestaltung frühförderlicher Praxis im weiteren Sinne (Jetter 1988) und an eine spezielle frühtherapeutische Gestaltung von Eß- und Trinksituationen im engeren Sinne konkret gestellt sind. Diese Ansprüche seien abschließend unter einzelnen Aspekten kommentiert.

3. Handlungstheoretische Konzepte – eine pädagogische Perspektive

Die bisher skizzierten Denkansätze haben bereits gezeigt, daß die Entwicklung der Eß- und Trinktätigkeit nie im passiven Organismus geschieht (auch die sogenannten endogenistischen Zugangsweisen kommen letztendlich nicht ohne die Annahme einer Aktivität des Organismus aus). Mehr noch, Interpretationen vom Standpunkt der Neurologie und Entwicklungsbiologie neueren Datums gründen ausdrücklich auf der Aktivität des menschlichen Subjekts, das sich im Austausch mit seiner Umwelt befindet.

Diese „Umwelt" kann auf der Grundlage der angesprochenen Interpretationen allerdings nur als eine sehr abstrakte gefaßt werden. Notgedrungen operieren diese Zugänge sehr weit entfernt von den wirklichen kulturell-gesellschaftlichen Gegebenheiten des konkreten Menschen. Das eingangs geschilderte Beispiel aus der juristischen Entscheidungspraxis in Flensburg sei an dieser Stelle in Erinnerung gerufen. Mögen diese Bezugsdisziplinen für die neurophysiologische Analyse von Bewegung, Bewegungsentwicklung und spezifischen Bewegungsabläufen unverzichtbar sein, der je konkrete Alltag des behinderten Menschen, der Alltag, dessen Kenntnis ja erst ein tiefergreifendes Verständnis seiner Lebenslage erlaubt, wird dadurch noch nicht ein Praxisthema.

Auf diesen Mangel an Konkretheit (der den genannten Disziplinen aufgrund ihres gegenstandsspezifischen Erkenntnisinteresses nicht anzulasten wäre) wollen handlungstheoretische Ansätze eine Antwort geben. Als prominentes Beispiel soll hier die Handlungstheorie dienen, die der Kooperativen Pädagogik zugrunde liegt. Auf diese sei abschließend kurz eingegangen.

Wer *Handlung* sagt, sagt *Beziehung des Subjekts zu seiner Lebenswelt,* auf die es einwirkt! Diese handlungstheoretische Perspektive geht über eine neurophysiologische Betrachtung hinaus, wenn letztere funktionsbezogen in erster Linie den *Bedarf* thematisiert, erstere dagegen das *Bedürfnis nach Eß- und Trinkhandlungen* einschließlich der wertschaffenden Erkenntnisse des menschlichen Subjekts (Praschak 1993). Die folgende handlungstheoretische Skizze des ersten Lebensjahres sei mit einer zusammenfassenden Betrachtung von Praschak (1985, 50) eröffnet: „Der Mensch ißt und trinkt nicht nur, um seinen Hunger zu stillen, er tut dies vielmehr, um seine elementarsten Erkenntnisfunktionen in Gang zu setzen und in Gang zu halten; denn mit der Nahrungsaufnahme beginnt das Kind zum ersten Mal, aktiv mit seiner Umwelt – sowohl mit der Mutter(brust) als auch mit den unterschiedlichsten Saugdingen – in Kontakt zu treten, um diese seine Saugtätigkeiten anzupassen." Insofern die Existenz dieser Anpassungsleistungen von Beginn an angenommen werden kann, ist das Kind auch bereits mit dem ersten Lebenstag in der Lage, die Eß- und Trinksituationen adaptiv und damit aktiv mitzugestalten, und zwar nach Maßgabe seiner Erkenntnismöglichkeiten. An einigen Beispielen aus dem ersten Lebensjahr seien die entwicklungsmäßigen Möglichkeiten sensumotorischer Mitgestaltung solcher Situationen skizzenartig illustriert.

Fundament der kindlichen Entwicklung ist die Saugtätigkeit, das heißt, Saugen ist dem Säugling die „grundlegende Erkenntnistätigkeit", mit der er seine Lebenswelt gliedert, ihr seinen Sinn verleiht und diesen zugleich in seiner kulturellen Bedeutsamkeit wiedererkennt (Jetter 1987, 18). Der Richtungswechsel beim Stillen beispielsweise mag für die Mutter eine physiologische Notwendigkeit sein, für den Säugling, so Jetter (1988, 105), „stellt dies anfangs ein nicht leicht nachvollziehbares Schwanken der von ihm erlebten Welt dar. Aber gerade dieser Wechsel verlangt von ihm eine Anpassungsleistung, die grundlegend wird für viele andere Anpassungsleistungen: er muß seine Suchbewegungen regelmäßig umorientieren, seine Saug- und Schluckbewegungen müssen sich den unterschiedlichen Verhältnissen unterordnen, die herrschen, wenn er links bzw. rechts gestillt wird". Etwas später in der Entwicklung, etwa ab dem zweiten Lebensmonat, auf der Grundlage der „reziproken Assimilation" (Piaget), wenn das Kind in der Lage ist, als Quelle der aktiven Anpassungstätigkeit diese „grundlegenden Kreishandlungen" (Jetter 1988) zu koordinieren, setzt es die bis jetzt einzelnen Tätigkeiten des Saugens, Greifens und Sehens gezielter zueinander in Beziehung. So erlebt sich das Kind zugleich als „Subjekt und Objekt seines sensumotorischen Erkennens"

(115), wenn das Kind beispielsweise während des Greifens an der Hand saugt und während des Saugens im Mundbereich greift. Zunehmend ist das Kind in der Lage, interessante Effekte zu erzielen, zum Beispiel phonatorisch-phonetischer Art oder etwas später über das Geklapper mit den Eß- oder Trinkutensilien. Die Möglichkeit der Deutung von situativ gebundenen Signalen oder situationsentbundenen Anzeichen, die Möglichkeit zu eigentlich intentionalen Handlungen des Kindes in der Folgezeit und zu erkenntnismäßigen Vorwegnahmen von Ereignissen durch das Kind erlauben ihm weitergehende und sozial folgenreichere Mitbeteiligungen an der Eß- und Trinksituation. Sie drücken sich in ganz konkreten Erwartungshaltungen aus. Ein alltägliches Beispiel hierfür beschreibt Piaget (1969, 254):

„Mit 0;9 (16) beginnt sie (Jacqueline; A. W.) bei den Mahlzeiten auf komplexere Zeichen als früher zu reagieren. Sie liebt den Traubensaft, den man in ihr Glas gießt, aber schätzt die Suppe gar nicht, die sich in ihrer Schale befindet. Sie achtet nun genau auf das, was die Mutter tut: Wenn der Löffel vom Glas kommt, öffnet sie weit den Mund, wenn er dagegen aus der Schale kommt, bleibt der Mund geschlossen. Die Mutter versucht, sie zu überlisten, indem sie einen Löffel aus der Schale nimmt und damit über das Glas fährt, bevor sie ihn Jacqueline anbietet. Aber diese läßt sich nicht täuschen. Mit 0;9 (18) braucht Jacqueline den Löffel überhaupt nicht mehr zu sehen, sie merkt am Geräusch, ob der Löffel aus dem Glas oder aus der Schale kommt, und schließt im letzten Fall hartnäckig den Mund. Mit 0;10 (26) sträubt sich Jacqueline ebenfalls, die Suppe einzunehmen. Bevor die Mutter ihr nun den Suppenlöffel präsentiert, schlägt sie damit an eine Silberschale, die Kompott enthält. Jacqueline läßt sich einmal täuschen und öffnet den Mund, denn sie hat die Bewegungen der Mutter nicht verfolgt und sich allein auf den Ton verlassen."

Man sieht, wie das Kind sich bemüht, die Situation zu verstehen, ehe es das Neuartige seiner Essens- und Trinksituation um seiner selbst willen erkundet, wenn es später experimentierend und explorierend etwa Speisen und Getränke vermischt. Schließlich wird es dann in der Lage sein, sich sprachlich-dialogisch auszutauschen, „wenn Mutter und Kind einen vorhersagbaren Interaktionsrahmen schaffen, welcher als Mikrokosmos für die Kommunikation und die Definition einer gemeinsamen Realität dienen kann" (Bruner 1987, 14).

Diese beispielartige Darstellung, bezogen auf das frühe Kindesalter, verweist auf mehr als nur entwicklungsneurologisches oder entwicklungspsychologisches Gedankengut; es impliziert darüber hinaus Kulturelles und Gesellschaftliches. Das heißt, Eß- und Trinktätigkeiten des Kindes sind ohne kulturellen und gesellschaftlichen Hintergrund nicht analysierbar. Zu erinnern sei in diesem Zusammenhang noch einmal an eine zentrale Aussage von Mennell (1988, 110): „Unterschiede im Sozialstatus werden nicht nur durch Unterschiede in der Menge und Vielfalt der aufgetragenen Speisen ausgedrückt, sondern subtiler dadurch, wie man das Essen zubereitet und anrichtet. Das Essen ist, soziologisch gesprochen, einerseits Mittel der antizipatorischen Sozialisation geworden, andererseits Ausdruck gesellschaftlicher Distanz." Grundlagen hierfür werden zweifellos bereits im ersten Lebensjahr gelegt.

„Gesellschaftliche Distanz" – distanzierter konnten sich die Kläger im Flensburger Justizurteil wohl nicht geben. Hier waren die Betroffenen behinderte Erwachsene, denen im frühen Kindesalter vielleicht auch die ganze Härte einer funktionalistischen Eß- und Trinkbehandlung widerfahren ist und die sich nun in einem weiteren Stadium gesellschaftlich bewirkter Entpersönlichung erleben müssen. Die professionelle pädagogisch-therapeutische Frühförderung, die die Autonomie des Kindes betont, hätte hieraus ihre Lehren zu ziehen.

Insoweit die menschliche Eß- und Trinktätigkeit handlungstheoretisch allgemein als kulturspezifische Alltagsverrichtungen gefaßt wird, sind auch Schlußfolgerungen für die besondere Gestaltung von Eß- und Trinksituationen mit behinderten Menschen zu ziehen. An diesen Situationen ist nach Praschak (1992, 21) jeder gemäß seinen Möglichkeiten beteiligt, als immer wiederkehrendes Ritual, mit einer auch vom Kind erkennbaren und nachvollziehbaren Ordnung, als Vorgang, „der Zeit, Raum und Muße miteinschließt, (...) der in der Regel genußvoll erlebt wird und erlebt werden will".

Eine funktionsbezogene Betrachtung der Eß- und Trinktätigkeit ist damit nicht aufgehoben, im Gegenteil, sie ist hiermit insgesamt verflochten. Als vitale Grundfunktion wird die Nahrungsaufnahme – ganz im Sinne von Largo (1995) und auch von Mennell (1988) – kulturell geformt und gesellschaftlich vermittelt; sie wird zu einer „kulturgebundenen Tätigkeit", wie Jetter (1987, 18) hervorhebt. Daraus folgt, daß das Kind (und möglicherweise auch der schwerstbehinderte Erwachsene) erst noch lernen und erfahren muß, daß zur Handlung der Nahrungsaufnahme in unserer Kultur auch eine spezifische Form von Sauberkeit und Ästhetik gehören. Sogenannte Mißgeschicke, auf die das eingangs zitierte Flensburger Urteil abhebt, erscheinen so betrachtet in einem völlig anderen Licht.

4. Zusammenfassung

Eß- und Trinkhandlungen des Kindes sind mit seinem Alltag aufs engste verbunden. Hier, in den gemeinschaftlichen Eß- und Trinksituationen nicht nur in seiner Familie wird diesen Tätigkeiten die kulturelle Bedeutung zuteil, die ihnen in einer gegebenen Epoche und spezifischen Kultur gesellschaftlich zugemessen wird.

Dieser Grundsatz kann Geltung beanspruchen auch für die Praxis der Frühförderung behinderter und gefährdeter Säuglinge und Kleinkinder mit zerebraler Bewegungsstörung. Betrachtet man die gegenwärtig diskutierten Denkansätze zur Förderung und Therapie, wie sie für diese Gruppe vorgesehen sind, so gerät dieser Alltag mehr oder weniger ins Blickfeld. Mißt man sie an dem pädagogischen Hauptgütekriterium, inwieweit sie die je *konkrete Lebenspraxis* des Kindes und seiner Familie im Blick haben, dann lassen sie sich in folgender Weise zusammenfassen:

Der in gewissem Sinn abstrakteste Zugriff kann in Ausführungen gesehen werden, die sich allein mit der Beschreibung der Funktion von „Essen und Trinken" begnügen bzw. mit der Beschreibung von Saugen, Schlucken, Abbeißen, Kauen als Teilfunktionen. Die endogenistischen Ansätze sind allesamt Ausdruck einer solchen wirklichkeitsfernen Abstraktheit. Zudem sind sie, was die entwicklungstheoretische Grundauffassung *(Entwicklungsmodell I)* und die vorgeschlagene Therapiemethodik betrifft, entwicklungsneurologisch und neuropädiatrisch belanglos.

Eine Stufe konkreter ist demgegenüber der Rekurs auf den Lebensalltag des Kindes und seiner Familie, wobei die Lage des Kindes in ausgewählten Aspekten dieses Alltags thematisiert ist – zumeist im neurophysiologischen oder entwicklungsbiologischen Denkrahmen. Diese Stufe der Konkretisierung ist in Ansätzen gegeben, die versuchen, die Gestaltung therapeutischer Eß- und Trinksituationen mit einer spezifischen Vorbereitung auf den interaktionalen Gebrauch im Alltag zu kombinieren. Beispiele hierfür sind die interaktionistischen Ansätze und die von hier aus formulierten Praxisvorschläge. Entwicklungstheoretisch sind ihre Grundlagen empirisch gut abgesichert *(Entwicklungsmodell II)*. Unverzichtbar (auch für eine pädagogische Frühförderung) ist die Betrachtung der Funktion für die Analyse von Eß- und Trinkhandlungen, ebenso unverzichtbar der sich neurologisch äußernde Entwicklungsgedanke. Beide Seiten sind im interaktionistisch-neurologischen Erkenntnisrahmen paradigmatisch und neben anderem grundlegend für eine therapeutische Frühförderung.

Ein noch konkreterer Zugriff ist endlich dann erreicht, wenn mit Bezug auf den Alltag des Kindes auch das Kind selbst *in* seinem Alltag als aktiv handelndes Subjekt thematisiert wird. Solche Ansätze fragen danach, inwieweit das Kind den jeweiligen Alltag als *seinen* zu konstruieren in der Lage ist, inwieweit das Kind *seinen* Eß- und Trinkhandlungen im Alltag Bedeutung zumessen kann, inwieweit Alltagshandlungen – neben den ihnen immer immanenten kognitiven und funktionellen Anforderungen – sozialen Sinn erlangen können. Dies sind die Fragen, auf die die Handlungstheorie, wie sie dem Praxiskonzept der Kooperativen Pädagogik zugrunde liegt, bereits Grundlegendes erarbeitet und in einen pädagogischen Reflexionszusammenhang überführt hat. Diese Perspektive wäre weiterzuverfolgen, damit die Eß- und Trinktätigkeiten des Kindes, deren Therapie und Förderung, in einem selbstbestimmten Alltag sinnhaft und bedeutsam werden können.

Literatur

Alexander, R. (1987a): Oral-motor treatment for infants and young children with cerebral palsy. Seminars in Speech and Language 8, 87–98
– (1987b): Prespeech and feeding development. In: McDonald, E. T. (Ed.): Treating cerebral palsy: For clinicans by clinicans. Austin, 133–152
Arvedson, J. (1993a): Oral-motor and feeding assessment. In: Arvedson, J.; Brodsky, L. (Eds.): Pediatric swallowing and feeding: Assessment and management. San Diego, 249–292
– (1993b): Management of swallowing problems. In: Arvedson, J.; Brodsky, L. (Eds.): Pediatric swallowing and feeding: Assessment and management. San Diego, 327–387
– Brodsky, L. (Eds.) (1993): Pediatric swallowing and feeding: Assessment and management. San Diego
Bleidick, U. (1994): Gewalt gegen Behinderte. Zeitschrift für Heilpädagogik 45, 217–227
Bosma, J. (1986): Development of feeding. Clinical Nutrition 5, 210–218
Bruner, J. (1987): Wie das Kind sprechen lernt. Bern
Flammer, A. (1996): Entwicklungstheorien. Bern
Gotthardt, M. (1997): „Essen und Trinken" in frühester Kindheit – bedeutsam für die vorsprachliche Entwicklung des bewegungsbeeinträchtigten Kindes (Diplomarbeit im Fach Erziehungswissenschaft an der Heilpädagogischen Universität zu Köln; unveröff.). Köln
Hoehne, R. (1998): Zum Wandel des Bobath-Konzepts. Bewegung und Entwicklung 21, 26–30
Jetter, K. (1987): Handeln und Erkennen in der frühen Kindheit. In: Vereinigung für interdisziplinäre Frühförderung e. V. (Hrsg.): Entwicklungsbegleitende Frühförderung – eine interdisziplinäre Herausforderung. Bericht vom 4. Symposion Frühförderung München, 2.–4. April 1987, München/Basel, 15–19
– (1988): Leben und Arbeiten mit behinderten und gefährdeten Säuglingen und Kleinkindern. Stadthagen
Largo, R. H. (1995): Babyjahre. Die frühkindliche Entwicklung aus biologischer Sicht. Hamburg
Macie, D.; Arvedson, J. (1993): Tone and positioning. In: Arvedson, J.; Brodsky, L. (Eds.): Pediatric swallowing and feeding: Assessment and management. San Diego, 209–247
Mennell, S. (1988): Die Kultivierung des Appetits. Geschichte des Essens vom Mittelalter bis heute. Frankfurt/M.
Michaelis, R.; Niemann, G. (1995): Entwicklungsneurologie und Neuropädiatrie. Grundlagen und diagnostische Strategien. Stuttgart
Montada, L. (1995): Fragen, Konzepte, Perspektiven. In: Oerter, R.; Montada, L. (Hrsg.): Entwicklungspsychologie. Weinheim, 1–83
Morris, S. E. (1985): Developmental implications for management of feeding problems in neurologically impaired infants. Seminars in Speech and Language 6, 293–314
– (1987): Therapy for the child with cerebral palsy: Interactive frameworks. Seminars in Speech and Language 8, 71–86
– (1989): Development of oral-motor skills in the neurologically impaired child receiving non-oral feedings. Dysphagia 3, 135–154
– (1993): Development of oral-motor skills in the neurologically impaired child receiving non-oral feedings. Dysphagia 3, 135–154
– Klein, M. D. (1995): Mund- und Eßtherapie bei Kindern. Entwicklung, Störungen und Behandlung orofazialer Fähigkeiten. Stuttgart

Müller, H. A. (1971): Eß-, Atem- und Stimmtherapie sowie Sprachanbahnung bei zerebral bewegungsgestörten Kindern im frühen Kindesalter. In: Matthiaß, H.-H.; Brüster, H. T.; Zimmermann, H. von (Hrsg.): Spastisch gelähmte Kinder. Stuttgart, 17–19
– (1985): Das Sprechen. In: Finnie, N. R. (Hrsg.): Hilfe für das cerebral gelähmte Kind. Ravensburg, 173–182
Piaget, J. (1969): Das Erwachen der Intelligenz beim Kinde. Stuttgart
Pipes, P. L. (1993): Infant feeding and nutrition. In: Pipes, P. L.; Trahms, C. M. (Eds.): Nutrition in infancy and childhood. St. Louis, 88–119
– Glass, R. (1993): Development of disabilities and other special health needs. In: Pipes, P. L.; Trahms, C. M. (Eds.): Nutrition in infancy and childhood. St. Louis, 344–373
– Trahms, C. M. (Eds.): Nutrition in infancy and childhood. St. Louis, 1–29
– Trahms, C. M. (1993): Nutrition: Growth and development. In: Pipes, P. L.; Trahms, C. M. (Eds.): Nutrition in infancy and childhood. St. Louis, 1–29
Praschak, W. (1985): Kooperative Körperarbeit mit Schwerstbehinderten – Gedanken über die pädagogische Arbeit mit körperlich und geistig Schwerstbehinderten. Behinderte in Familie, Schule und Gesellschaft 8, 48–53
– (1992): Sensumotorische Kooperation mit Schwerstbehinderten. Behinderte in Familie, Schule und Gesellschaft 15, 13–22
– (1993): Kooperative Pädagogik Schwerstbehinderter. Grundlagen einer allgemeinen und integrativen Erziehungs- und Bildungskonzeption. In: Arbeitskreis Kooperative Pädagogik (AKoP) e.V. (Hrsg.): Kooperative Pädagogik schwerstbehinderter Menschen. Frankfurt/M., 15–150
Pridham, K. F. (1990): Feeding behavior of 6- to 12-months-old infants: Assessment and sources of parental information. Journal of Pediatrics 117, 174–180
Ritter, G. (1998): Das Bobath-Konzept – Praxiserfahrungen und Fragen an die Theorie. Bewegung und Entwicklung 21, 31–40
Touwen, B. C. L. (1984): Normale neurologische Entwicklung: Die nicht bestehenden Inter- und Intra-Item-Beziehungen. In: Michaelis, R.; Nolte, R.; Buchwald-Saal, M.; Haas, G. H. (Hrsg.): Entwicklungsneurologie. Stuttgart, 17–24
– (1996): Variabilität motorischer Funktionen und ihre Bedeutung für die Frühförderung. In: Peterander, F.; Speck, O. (Hrsg.): Frühförderung in Europa. München/Basel, 80–89
Wolff, L.; Glass, R. (1992): Feeding and swallowing disorders in infancy: Assessment and management. Springfield

Die Bedeutung früher Interaktionen zwischen Mutter und Kind als Basis langfristig wirksamer Beziehungsmuster

Von Heike C. Schnoor

Pädagogen in der Frühförderung begleiten Eltern-Kind-Paare in den ersten Jahren ihres gemeinsamen Lebens. Sie erfahren viel über die Eltern-Kind-Beziehung und greifen durch ihre Beratungen und Förderungsansätze auch aktiv in deren Gestaltung ein. Da frühen Interaktionserfahrungen eine bedeutsame Rolle in der Sozialisation des Kindes zukommt, liegen hier vielfältige Chancen aber auch Gefahren. Aus diesem Grund möchte ich die Bedingungen geglückter oder mißglückter Interaktionsprozesse zwischen der Mutter und ihrem Kind in ihrer Bedeutung für die Entstehung typischer Verhaltens- und Bindungsmuster beim Kind darstellen. Dabei werde ich besonders auf die Probleme in der Interaktion mit primär geschädigten Kindern eingehen.

Säugling und Mutter als Interaktionspartner

Untersuchungen der sogenannten „neueren Säuglingsforschung" und der Bindungsforschung fanden heraus, daß schon Säuglinge über einige interaktive Kompetenzen verfügen. Dazu zählen nicht nur Fähigkeiten zur Wahrnehmung des Umfeldes, sondern auch Möglichkeiten differenzierte Verhaltensantworten zu zeigen, die sich entwicklungsbedingt schnell zu relativ umfassenden dialogbegründenden Kompetenzen erweitern.

Im folgenden möchte ich einige dieser Fähigkeiten, die experimentell nachgewiesen worden sind, kurz darstellen. Für den Bereich der visuellen Wahrnehmungen konnten u. a. folgende Ergebnisse festgestellt werden: Schon zwei Wochen alte Säuglinge sind in der Lage, komplexe optische Reize zu verarbeiten. Sie ziehen einen dreidimensionalen Gegenstand einem Foto dieses Gegenstandes vor (Bower 1971). Außerdem schauen sie schon im Alter von zwei Wochen länger in das Gesicht der Mutter als in das eines unbekannten Menschen. Experimentell konnten Meltzoff und Moore (1977) nachweisen, daß Kinder in einem Alter von zwölf bis einundzwanzig Tagen den Gesichtsausdruck Erwachsener so genau imitieren konnten, daß Testpersonen (aufgrund von Filmaufnahmen, in denen sie ausschließlich das Kind sehen konnten) erkennen konnten, welche Mimik der Erwachsene dem Kind gezeigt hatte.

Im akustischen Bereich reagieren Neugeborene selektiv auf Signale im Frequenzbereich der menschlichen Stimme. Außerdem zeigen Säuglinge eine negative Verhaltensreaktion (Kopf wegdrehen), wenn das Gesicht der Mutter gleichzeitig mit der Präsentation einer fremden Stimme dargeboten wird (Carpenter et al. 1970).

Säuglinge können gezuckerte von ungezuckerten Getränken unterscheiden und haben eine Vorliebe für Süßes (Crook/Lipsitt 1976). Interessant ist auch eine Untersuchung von Mcfarlane (1975), der acht Tage alten Säuglingen zu beiden Seiten des Kopfes Tupfer präsentierte. Einer der Tupfer wurde von seiner Mutter beim Stillen verwendet und einer stammte von einer anderen, gerade stillenden Frau. Die Säuglinge müssen die Tupfer geruchlich unterscheiden können, denn sie wenden sich dem Tupfer der Mutter zu.

Auch einfache Lernvorgänge sind schon im ersten Lebensmonat möglich. Es konnte beobachtet werden, daß Säuglinge bereits während der Vorbereitung der Milchflasche zu saugen beginnen. Die hier nur angedeuteten Kompetenzen Neugeborener können als eine Vorangepaßtheit an soziale Interaktionen begriffen werden, die die Basis zur Herausbildung der ersten komplexen Verhaltensmuster darstellen (Emde 1983).

Erstaunlich ist die Aktivität der Säuglinge auch in sozialen Interaktionen. Lichtenberg (1983) stellte fest, daß in über fünfzig Prozent der Fälle der Kontakt zwischen Mutter und Kind vom Kind initiiert wird. Zudem konnte in Säuglingsuntersuchungen festgestellt werden, daß Säuglinge den Kontakt zu ihrer Umwelt nicht nur aktiv anstreben, sondern ansatzweise auch regulieren können. Sie signalisieren ihre Dialogbereitschaft durch Anschauen und Lächeln, aber beenden die Interaktion auch von sich aus, indem sie ihren Blick abwenden, den Kopf wegdrehen oder einschlafen. Die beschriebenen Kompetenzen des Säuglings gehören zu seiner angeborenen Ausstattung bzw. werden von ihm rasch erlernt. Sie stellen die Voraussetzung des Säuglings für den Aufbau von Interaktionen mit seinen Bezugspersonen dar.

Obwohl Säuglinge aktiv den Kontakt zu ihrer Mitwelt suchen und Fähigkeiten zur Interaktion besitzen, benötigen sie Bezugspersonen, die sich dabei auf den Entwicklungsstand ihres Kindes einstellen. (Im folgenden wird in diesem Zusammenhang häufig von der Mutter gesprochen, weil sie meist diese Aufgabe übernimmt.) Am Beispiel der sprachlichen und der visuellen Ebene von Interaktionsprozessen möchte ich diese Anpassungsleistung der Eltern beschreiben.

Empirisch nachweisbar ist die intuitive Benutzung der sogenannten Ammensprache durch die Eltern. Die Ammensprache ist gekennzeichnet durch ein verlangsamtes Sprechtempo, einen veränderten Sprechrhythmus, eine verstärkte und übertriebene Sprachmelodie und einen reduzierten Wortschatz. Außerdem kann beobachtet werden, daß die Mutter kindliche Verhaltensweisen leicht übertreibt und korrigierend nachahmt und leicht variierte Wiederholungen wichtiger Interaktionssequenzen anbietet.

Auch die visuellen Möglichkeiten eines Säuglings werden von seiner Mutter intuitiv berücksichtigt. So konnte nachgewiesen werden, daß Mütter eine Entfernung zwischen ihren Augen und denen des Kindes von ca. 25 Zentimetern wählen. Bei dieser Entfernung handelt es sich um den Bereich, den Säuglinge scharf sehen können. Außerdem sichern sich Mütter die Aufmerksamkeit ihres Säuglings, indem sie dem Kind im Gespräch ihr Gesicht frontal präsentieren. Meist laufen die Gesichtspräsentationen und Fragen mit Spielaktionen (z.B. einem Kitzeln) einher. Gerade der Wechsel von Vertrautem (mütterliches Gesicht) und Überraschendem (Kitzelspiel) ist ein Weg, die Aufmerksamkeit des Kindes zu sichern.

Es konnten noch weitere Anhaltspunkte dafür gefunden werden, wie Mütter ihre Verhaltensweisen den kognitiven Fähigkeiten und den langsameren Auffassungsfähigkeiten ihres Kindes anpassen. Beispielsweise ist das mütterliche Mienenspiel im Dialog mit ihrem Kind sowohl in seiner zeitlichen als auch in seiner räumlichen Dimension deutlich verlängert und übertrieben: Die häufig beobachtbare gespielte Überraschung dient dem Initiieren oder Signalisieren einer Bereitschaft oder Aufforderung zur Interaktion. Das Lächeln der Mutter bewirkt dagegen die Aufrechterhaltung einer bereits initiierten Interaktion. Lächeln signalisiert zugleich auch die Bereitschaft, bei einer zu Ende gehenden Interaktion, sich neu zu engagieren. Demgegenüber dient das Stirnrunzeln, Kopfabwenden und Abbrechen des Blickkontaktes dem Abbrechen einer Interaktionseinheit und ein neutrales oder ausdrucksloses Gesicht signalisiert den Wunsch nach Vermeidung einer sozialen Interaktion.

Die genannten Beispiele zeigen, daß der Schwerpunkt der notwendigen gegenseitigen Anpassung im frühen Mutter-Kind-Dialog auf der Seite des Erwachsenen liegt (Papoušek/Papoušek 1981). Es stellt sich die Frage, wie eine Frau in der Lage ist, sich auf die Bedürfnisse ihres neugeborenen Kindes so exakt einzustellen. In der Psychoanalyse spricht man davon, daß eine Mutter unbewußt eine Regression im Dienste ihres Kindes erlebt, wenn sie sich auf ihr Baby einstellt. Sie erreicht durch diese Identifikation mit ihrem Kind eine komplexe, ganzheitliche Wahrnehmung des Säuglings. Diese Art der Wahrnehmung zeichnet sich dadurch aus, daß die Empfindungen und Reize des Dialogpartners „aufgenommen" (statt „wahrgenommen") und als eigene Emotionen und Wahrnehmungen registriert werden. Indem die Mutter die Signale des Säuglings aufnimmt und in einer für beide befriedigenden Weise beantwortet, übt sie eine „holding function" für das Kind aus. All diese Maßnahmen führen außerdem dazu, daß die Pflegeperson gleichsam einen „biologischen Spiegel" für das Kind darstellt und damit die kindliche Selbstwahrnehmung unterstützt (Papoušek/Papoušek 1979).

Die Wirkung geglückter und mißglückter Interaktionsprozesse zwischen Mutter und Kind

Die mütterliche Kommunikationsfähigkeit, aber auch die kindliche Aktivität und Sensibilität für den Sozialkontakt sind somit die Basis für den sich entwickelnden Dialog. Die ersten Lebenswochen dienen dazu, die beiden Partner der Diade miteinander bekannt zu machen und ein System wechselseitiger und differenziert aufeinander abgestimmter Austauschprozesse herauszubilden. Dieser ist charakterisiert durch ein zweiseitiges Geben und Nehmen, einem Wechsel von aktiven und passiven Phasen, einer Zeitstruktur und einem sich herausbildenden Rhythmus, der affektiv begleitet wird.

Pflegehandlungen, aber auch die Fütterung – vor allem das Stillen – sind diejenigen Ereignisse, die sich häufig wiederholen und eine besondere Bedeutung für die Dialoganbahnung besitzen. In diesen Situationen wird der Dialog zwischen diesen ungleichen Partnern spielend vollzogen. Jeder der Partner verfügt über ein eindrucksvolles Repertoire in der Inszenierung dieses Spiels. Auf seiten der Mutter beginnt das Orientieren am Kind bereits mit der Dialoginitiierung. Die Mutter folgt dem Kind in seinem Verhalten und fügt sich in dessen Aktionsverlauf ein, indem sie auf Initiativen des Kindes wartet und diese aufgreift (Neumann 1983). So stimmt die Mutter ihre Handlungen ganz gezielt auf die Aktionen ihres Kindes ab. Bei dem dann folgenden Spiel versuchen beide, einen Blickkontakt mit ihrem Partner herzustellen. Gewöhnlich schaut die Mutter auf das Kind und das Kind wendet ihr den Blick zu. Das wird begleitet von allen möglichen Lauten, Körper- und Gesichtsbewegungen und findet seine höchste Steigerung in einem weiten gegenseitigen Lächeln. Das Ganze erinnert an einen Tanz in einem Rhythmus mit verschiedenen Figuren, der seinen Reiz aus seiner wechselseitigen Bedürfnisbefriedigung gewinnt (Köhler 1990).

Man kann alternierende und koaktive Interaktionen unterscheiden (Köhler 1990). Bei einer alternierenden Interaktion sind beide Partner abwechselnd aktiv. Ihr Handeln ist durch eine sensible Reziprozität gekennzeichnet. Da es deutliche Parallelen zur rhythmischen Abstimmung in den Unterhaltungen Erwachsener gibt, gelten alternierende Episoden auch als Vorläufer des Erwachsenendialogs. Von koaktiven Verhaltensmustern spricht man dann, wenn beide Partner gemeinsam aktiv sind, beispielsweise gemeinsam lächeln oder jauchzen. Solche Erlebnisse üben eine starke, gefühlsevozierende Anziehung auf beide Partner aus. Sie sind die Basis für symbiotische Verschmelzungsgefühle (Köhler 1990).

Mutter und Kind stellen sich in der beschriebenen Weise schon in den ersten Wochen nach der Geburt aufeinander ein. Eine beiden Partnern bekannte Ordnung und Abfolge von Ereignissen ist nach ca. drei bis vier Wochen vorhanden (Köhler 1990). Dialogregeln, beispielsweise die Art, wie man eine Kommunikation aufnimmt, aufrechterhält oder beendet, werden also vom Kind schon vor dem Erwerb der Sprache gelernt.

Der so initiierte Sozialisationsprozeß des Kindes wird noch durch einen weiteren Faktor geprägt. Kindliche Reaktionen haben auch eine soziale Wirkung auf die Mutter. Unabhängig von den Intentionen des Säuglings lösen seine Aktionen bei der Mutter immer einen Zuschreibungsprozeß aus. Durch diese Zuschreibungen versieht die Mutter die Äußerungen ihres Kindes mit einem Sinn. Sie unterstellt ihnen eine kommunikative Botschaft, auch wenn das Verhalten des Säuglings noch nicht intentional gemeint war. Die Mutter macht mit dieser kontrafaktischen Annahme etwas ganz wichtiges: Durch ihre Interpretationen des kindlichen Verhaltens und ihre entsprechenden Reaktionen darauf zieht sie das Kind in eine gemeinsame Wirklichkeitssicht hinein und schafft so eine beide verbindende Erfahrungswelt, in die der Säugling hineinsozialisiert wird.

Mütterliche und kindliche Haltungen passen zueinander wie Schloß und Schlüssel. Treffen die kindlichen Verhaltensakte auf soziale Resonanz, entwickelt der Säugling ein deutliches und differenziertes positives Sozialverhalten gegenüber seiner Mutter. Die Mutter unterstützt so auch jede neue Aktivität ihres Kindes (Spitz 1988, 4). Zugleich kann man feststellen, daß die Mutter diejenigen Handlungen ihres Kindes begünstigt, die ihr Freude bereiten. Da das Kind fein abgestimmt auf die mütterlichen Kommunikationsangebote reagiert, kann die Mutter den Säugling gemäß ihren eigenen Neigungen lenken. Auf diese Weise beeinflußt die Mutter-Kind-Interaktion nicht nur basale Lernerfahrungen des Kindes, sondern auch die frühesten Beziehungserfahrungen des Kindes.

Da der wechselseitig bedingte Austauschprozeß zwischen Mutter und Kind sehr störanfällig ist, gelingen gut abgestimmte Interaktionsprozesse zwischen Mutter und Kind nicht immer. Frühe Dialogstörungen zwischen Mutter und Kind resultieren entweder aus einer Über- oder Unterstimulation des Kindes oder aus einer mangelhaften Abstimmung zwischen den Dialogpartnern. Die Vernachlässigung von Kindern ist eine Form der Unterstimulierung. Eine krasse, lang anhaltende Unterstimulierung führt zu Symptomen bei den Kindern, die als Hospitalismus- oder Deprivationsschädigung bezeichnet wird.

Demgegenüber besteht eine Überstimulierung des Kindes dann, wenn es die ihm angebotene Reizmenge mit den ihm zur Verfügung stehenden Mechanismen nicht mehr bewältigen kann. Schon Säuglinge besitzen Möglichkeiten, den Dialog von sich aus zu beenden, wenn sie eine solche Überforderung erleben. Sie schließen dann ihre Augen, drehen ihren Kopf weg oder schlafen ein. Aber diese Verweigerung kann durch ein noch stärkeres Insistieren der Mutter durchbrochen werden. Von daher muß man davon ausgehen, daß eine Reizüberflutung des Kindes stattfinden kann. Diese Form der Interaktionsstörung führt zu einer emotionalen Überforderung des Kindes. Geht die Mutter in wenig abgestimmter Form auf das Kind ein, so nimmt dieses sein positives, hinwendendes Sozialverhalten zurück und zeigt „Negativismus-Verhalten". Es wirkt dann verwirrt, kommt aus der Fassung und zeigt ein abwehrendes Verhalten der Mutter gegenüber (Neumann 1983, 210). Auch die mangelhafte Abstimmung zwischen den Interaktionen von Mutter und Kind ist experimentell untersucht worden. Beebe/Stern (1977) führten einen Versuch durch, der daraus bestand, daß die Mütter einen Punkt oberhalb der Augenbrauen im Gesicht ihrer Babys fixieren mußten. Ihr Gesicht sollte dabei starr und ausdruckslos bleiben, d.h., sie durften mimisch nicht auf ihr Kind reagieren. Säuglinge, in eine solche unnatürliche Situation gebracht, versuchen zunächst, eine Reaktion bei der Mutter hervorzurufen, indem sie ihre Augen, Hände, Arme und Beine bewegen und dem Blick ihrer Mütter zu begegnen versuchen. Bleiben derartige Bemühungen mehrfach ohne Erfolg, dann ziehen sich die Kinder zunehmend erschöpft und lustlos zurück. Was hier experimentell hergestellt wurde, kann mit ähnlichem Effekt auch das Ergebnis einer nicht abgestimmten Umgangsweise in natürlichen Situationen sein.

Als Folge früher Interaktionserfahrungen entwickelt das Kind zwischenmenschliche Bindungsmuster, die lebenslang wirksam bleiben. Crittenden unterscheidet drei unterschiedliche Bindungstypen, die abhängig von der Qualität früher Interaktionserfahrungen entstehen können: (1) die sicher gebundenen Kinder, (2) die vermeidend gebundenen Kinder und (3) die ambivalent gebundenen Kinder (Crittenden 1996, 149 ff.). Sicher gebundene Kinder hatten Eltern, die emotional verfügbar und zuverlässig beruhigend auf das Kind reagierten. Demgegenüber lehnten Eltern von vermeidend gebundenen Kindern die Bedürfnisse ihrer Kinder nach Zuneigung und körperlicher Nähe vorhersehbar ab. Die Eltern von ambivalent gebundenen Kindern verhielten sich inkonstant, so daß ihre Kinder weder das Verhalten ihrer Eltern beeinflussen noch vorhersehen konnten.

Welche Konsequenzen haben diese Interaktionserfahrungen für das Bindungsverhalten der Kinder? Im Gegensatz zu sicher gebundenen Kindern, die auch in ihrem späteren Leben in der Lage sind, sich angstfrei der dinglichen und personalen Welt zuzuwenden und neue tragfähige Beziehungen zu etablieren, haben vermeidend und ambivalent gebundene Kinder damit größere Probleme. Vermeidend gebundene Kinder neigen dazu, ihre Gefühle von Wut, Angst und Verlangen zurückzuhalten und durch unechte Gefühle zu ersetzen. Außerdem zeigen einige von ihnen übertriebene Affekte, um die mütterliche Zuneigung zu gewinnen. Andere vermeidend gebundene Kinder versuchen alles richtig zu machen, um Erwachsenen zu gefallen, oder sind gehorsam, um sich auf diese Weise vor Anfeindungen zu schützen. Ambivalent gebundene Kinder können demgegenüber nicht zwischen ernsthaften und unbedeutenden Bedrohungen unterscheiden.

Da Verhaltensstörungen aus bindungstheoretischer Sicht als früh erlernte Anpassungsstrategien auf elterliches Verhalten zu verstehen sind, überrascht es nicht zu erfahren, daß sowohl vermeidend als auch ambivalent gebundene Kinder ein größeres Risiko haben, psychische Störungen und auffällige Verhaltensweisen zu entwickeln (Crittenden 1996, 153 f.) Außerdem ist empirisch nachgewiesen worden, daß sich das Bindungsverhalten der Kinder auch auf ihr Lernverhalten auswirkt. Sicher gebundene Kinder gehen in kognitiven Anforderungssituationen kooperativer, ausdauernder und konzentrierter an die Lösung neuer Aufgaben, als dies unsicher gebundenen Kindern möglich ist (Ziegenhain et al. 1996).

Grundsätzlich kann man feststellen, daß auf seiten der Mutter vielfältige Ursachen dafür verantwortlich sein können, daß es zu dialogischen Abstimmungsproblemen mit dem Kind kommt. Dazu zählen beispielsweise Partnerschaftskonflikte, psychosoziale Probleme, Erschöpfungszustände, Schlafdefizit, Depressivität, Versagensgefühle, aber auch Probleme bei der Akzeptanz des Kindes oder der damit verbundenen Mutterrolle.

Es gibt viele Hinweise, daß diese Akzeptanzprobleme bei geschädigten bzw. behinderten Kindern häufiger auftreten. Während die schädigungsbedingten Einschränkungen für ein Kind eine nicht anders kennengelernte Faktizität und Normalität darstellt, bedeutet die Existenz eines geschädigten Kindes für die meisten Eltern zunächst eine besondere Belastung. Mütterliche Reaktionen auf die Geburt eines geschädigten Kindes umfassen Schockzustände, starke Schuldgefühle, sogar von Tötungsimpulsen wird berichtet. Solche konflikthaften elterlichen Reaktionen fließen in die Interaktionen mit dem Kind ein.

Hinzu kommen die Belastungen einer Familie durch einen z. T. erheblich größeren Pflegeaufwand für das Kind. Diese objektiven Belastungsfaktoren sind abhängig von der Art und dem Grad der Schädigung des Kindes, aber auch von dem Ausmaß an Unterstützung durch die Mitwelt und von den persönlichen und materiellen Ressourcen, die der betroffenen Familie zur Verfügung stehen. Diese objektiven Belastungsfaktoren sind jedoch nicht mit dem subjektiven Erleben der Familien identisch. Es ist deshalb sinnvoll, zwischen objektiven und subjektiven Belastungsquellen zu unterscheiden. Beide Belastungsquellen stehen in interdependenter Wirkung zueinander und beeinflussen gemeinsam das interaktionale Geschehen zwischen den Bezugspersonen und ihren geschädigten Kindern.

Da das Kind von Geburt an eine aktive Rolle in Interaktionsprozessen spielt, kommt auch seiner Interaktionskompetenz im Dialog mit seiner Mutter eine große Bedeutung zu. Empirische Untersuchungen zur Mutter-Kind-Interaktion lassen darauf schließen, daß der Grad und die Art der Schädigung eines Kindes auch in die soziale Interaktion eingeht und diese beeinflußt. Beispielhaft kann dies bei Kindern mit Down-Syndrom dargestellt werden.

Die Entwicklung von Kindern mit Down-Syndrom vollzieht sich schädigungsbedingt verzögert. Längsschnittstudien haben gezeigt, daß sich Down-Syndrom-Kinder etwa mit halbem Entwicklungstempo entwickeln, wobei ihre motorische Entwicklung etwas langsamer verläuft als ihre geistige Entwicklung (Rauh 1992). Diese Kinder sind im Vergleich zu anderen auch passiver und ruhiger in ihrem Interaktionsverhalten. Auch das aktive Spielverhalten von Down-Syndrom-Kindern entwickelt sich im Vergleich zu nicht geschädigten Kindern später.

Die sich später entwickelnde Sprachfähigkeit von Down-Syndrom-Kindern ist eine weitere Störungsquelle. Die Mütter erhalten auch im präverbalen Bereich unklarere Mitteilungen von ihren Kindern und können deshalb das Verhalten und die Bedürfnisse ihrer Kinder schwerer einschätzen. Beispielsweise ist der Affektausdruck der Down-Syndrom-Kinder weniger intensiv (Olson et al. 1984). Die Mütter haben größere Schwierigkeiten, den affektiven Ausdruck ihrer Kinder einer bestimmten Stimmung zuzuordnen (Goodman 1982). Das Ausdrucksverhalten von Down-Syndrom-Kindern wird von ihren Müttern auch experimentell als weniger intensiv wahrgenommen (Sorce/Emde 1982). Als weitere Störungsquelle dialogischer Austauschprozesse haben Down-Syndrom-Kinder größere Probleme bei der Gestaltung einer wechselnden Gesprächsführung mit ihren Müttern. All dies erschwert es den Müttern, einen abgestimmten Dialog mit ihren Kindern einzugehen.

Rauh weist darauf hin, daß bei Down-Syndrom-Kindern mit zehn Monaten die Streubreite im geistigen Entwicklungsniveau fast doppelt so groß ist wie bei gleichaltrigen Kindern (Rauh 1992, 211). Es wird vermutet, daß die Entwicklung von Kindern mit Down-Syndrom stark umweltabhängig ist. Dadurch kommt den frühen interaktiven Erfahrungen eine besondere Bedeutung zu. Down-Syndrom-Kinder sind verstärkt auf Anregungsangebote aus ihrer Mitwelt angewiesen, und die Mütter neigen auch zu einer kompensatorisch verstärkten Stimulation ihrer Kinder. Diese im Prinzip notwendige Maßnahme kann, wenn sich die Mutter-Kind-Kommunikation insgesamt zu mutterzentriert und direktiv gestaltet, zu der Gefahr führen, daß das mütterliche Verhalten die Kinder in eine passive Position drängt und überstimuliert. Damit wäre eine Dialogstörung initiiert. Gerade bei diesen geschädigten Kindern ist es besonders schwer, eine den Bedürfnissen der Kinder angepaßte, gezielte und sensible Anregung anzubieten, welche das Kind in seinen Möglichkeiten fördert, aber nicht überfordert. Hier Hilfestellung zu bieten, ist eine wichtige Aufgabe der Frühförderung.

Man kann feststellen, daß ein Übermaß an Dialogstörungen beim Kind Reaktionen gegen diese Behinderungen hervorruft und Zusammenstöße bzw. Dialogabbrüche zwischen beiden Partnern provoziert. Wenn solche Interaktionserfahrungen nicht vereinzelt, sondern regelmäßig auftreten, so haben sie nicht nur einen prägenden Charakter für spätere Verhaltensmuster (Schüssler/Bertl-Schüssler 1992), sondern formen ein Kind bis in die Wahrnehmung seiner Bedürfnisse hinein. Die Einigungsprozesse zwischen kindlicher Natur und mütterlicher Praxis führen zur Bildung psychischer Strukturen. Die Persönlichkeit eines Kindes ist somit schon das Produkt eines Einigungsprozesses, der sich in Form unmittelbarer Interaktionen in seiner Lebensgeschichte vollzogen hat (Lorenzer 1973).

Das Erleben einer Inkompatibilität eigener Bedürfnisse mit den Reaktionen der Mitwelt versetzt Kinder in eine krisenhaft erlebte Situation. Spitzen sich solche Erfahrungen zu, dann entsteht für das Kind eine unerträgliche Spannung. Frühe Dialogstörungen führen beim Kind zu Symptomen, die zusammengefaßt als Regulationsstörungen bezeichnet werden. Dazu zählen: exzessives Schreien, Schlafstörungen und Fütter-, Eß- und Gedeihstörungen (v. Hofacker 1998, 50 f.). Es ist zu vermuten, daß es bei primär geschädigten Kindern häufiger zu solchen Regulationsstörungen kommen kann. Eine solche Symptomatik sollte von der Frühförderin als ein Warnsignal begriffen werden, denn Säuglinge mit Regulationsstörungen stellen eine Risikogruppe für die Herausbildung von Verhaltensproblemen dar. Die Symptomatik der Regulationsstörung erhöht außerdem das Risiko für eine Vernachlässigung und Mißhandlung dieser Kinder durch ihre Eltern, weil diese durch die Symptomatik ihrer Kinder zusätzlich belastet werden. Krisenhafte Erfahrungen bestehen selten aus einem einmaligen Erlebnis, sondern meist aus der Summe von typischen Interaktions- bzw. Dialogstörungen (Balint 1987). Ein *Trauma* stellt dann die Folge starker, nicht mehr konstruktiv bewältigbarer Krisen dar. Aufgrund psychoanalytischer Erkenntnisse kann man davon ausgehen, daß traumatische Erlebnisse den normalen Entwicklungsprozeß eines Kindes nachhaltig verändern, denn sowohl befriedigende als auch traumatische Erlebnisse werden als Geschichte einer Beziehung unbewußt über den Vorgang der Identifizierung in die psychische Struktur aufgenommen.

Widersprüchliche und verzerrte Interaktionsformen gehen so in die Bildung subjektiver Strukturen ein und können später zu Störungsmomenten zwischenmenschlicher Beziehung werden, weil sie als typische Interaktionsstörungen auch in späteren Lebensphasen wieder virulent werden.

Da Mitarbeiter der Frühförderung einen Einblick in den Aufbau dieser frühen Interaktionsstrukturen gewinnen, könnte eine wichtige Aufgaben von ihnen darin bestehen, Interaktionsstörungen zu erkennen und gemeinsam mit den Eltern deren Ursachen herausarbeiten und – soweit möglich – zu beheben. Bei manifesten Regulationsstörungen kann die Hilfe von speziellen Frühberatungsstellen, die sich in einigen Regionen Deutschlands gerade etablieren, in Anspruch genommen werden.

Darüber hinaus erscheint es mir aber auch notwendig, daß die Mitarbeiter der Frühförderung auch ihre eigenen Fördervorschläge hinsichtlich der darin befindlichen „typischen" Interaktionssequenzen reflektieren. Dies erscheint vor allem dann unabdingbar, wenn isolierte Funktionsbereiche der Kinder trainiert oder Mütter als Cotherapeuten in den Förderprozeß einbezogen werden.

Literatur

Balint, M. (1987): Regression: Theoretische Aspekte und die Theorie der Grundstörung. München
Barth, R.; Warren, B. (1993): Zur Förderung einer positiven Beziehung zwischen Eltern und Kind – ein Beratungsangebot für Familien mit Säuglingen und Kleinkindern in Sydney. Praxis der Kinderpsychologie und Kinderpsychiatrie, 42, 339–345
Beebe, B.; Stern, D. (1977): Engagement-disengagement and early object experiences. In: Freedman, M.; Grand, S. (eds.): Communicative Structures and Psychic Structures. New York, 35–55
Blanck, R.;, Blanck, G. (1989): Jenseits der Ich-Psychologie. Eine Objektbeziehungstheorie auf der Grundlage der Entwicklung. Stuttgart
Bower, T. (1971): The object in the world of the infant. Sci. Amer., 225, 30–38
Carpenter, G.; Tecce, J.; Stechler, G.; Friedman, S. (1970): Differential visual behavior to human and humanoid faces in early infancy. Merrill-Palmer Quarterly, 16, 91–108

Crittenden, P. M. (1996): Entwicklung, Erfahrung und Beziehungsmuster: Psychische Gesundheit aus bindungstheoretischer Sicht. Praxis der Kinderpsychologie und Kinderpsychiatrie, 45, 147–155

Crook, C. K.; Lipsitt, L. P. (1976): Neonatal nutritive sucking. Effects of taste simulation upon sucking rhythm and heart rate. Child Development, 47, 518–527

Emde, R. N. (1983): The prerepresentational self and its affective core. Psychoanal. Study Child, 38, 165–192

Goodman, M. A. (1982): Infant affective responsiveness, affective interchange in the family, and parent perceptions of infant temperament: A family systems comparison of Down's syndrome and normal infants, Michigan

Hartkamp, N. (1990): Einige Befunde der Säuglingsforschung und der neueren Entwicklungspsychologie. Praxis der Kinderpsychologie und Kinderpsychiatrie, 39, 1990, 120–126

Hofacker, N. v. (1998): Frühkindliche Störungen der Verhaltensregulation und der Eltern-Kind-Beziehungen. In: Klitzing, K. v. (Hrsg.) (1998): Psychotherapie in der frühen Kindheit. Göttingen 50–71

Köhler, L. (1990): Neuere Ergebnisse der Kleinkindforschung. Forum der Psychoanalyse, 6, 1990, 32–51

Lichtenberg, J. D. (1983): Psychoanalysis and infant research. Hillsdale

Lorenzer, A. (1973): Über den Gegenstand der Psychoanalyse. Frankfurt/M.

Mcfarlane, A. (1975): Olfaction in the development of social preferences in the human neonate. In: Parent-infant interaction. A Ciba Foundation Symposium, New York 103–117

Meltzoff, A.; Moore, M. (1977): Imitation of facial and manual gestures by human neonates. Science, 198, 75–78

Neumann, K. (1983): Der Beginn der Kommunikation zwischen Mutter und Kind. Bad Heilbrunn

Olson, S.; Bates, J. E.; Bayles, K. (1984): Mother-infant interaction and the development of individual differences in children's cognitive competence. Developmental Psychology, 20, 1984, 1, 166–179

Papoušek, H.; Papoušek, M. (1979): The infant's fundamental adaptive response system in social interactions. In: Thomas, E. D. (ed.): Origins of the infant's responsiveness, Hillsdale 175–208

– (1981): Frühentwicklung des Sozialverhaltens und der Kommunikation. In: Remschmidt, H.; Schmidt, M. (Hrsg.): Neuropsychologie des Kindesalters. Stuttgart

Pedrina, F. (1992): Psychotherapien mit Säuglingen und Eltern: Gedanken zu frühen Symbolisierungsprozessen. Kinderanalyse, 1, 46–67

Rauh, H. (1992): Entwicklungsverläufe bei Kleinkindern mit Down-Syndrom. Geistige Behinderung, H. 3, 206–218

Schüssler, G.; Bertl-Schüssler, A. (1992): Neue Ansätze zur Revision der psychoanalytischen Entwicklungstheorie II. In: Zeitschrift für psychosomatische Medizin, 38, 101–114

Serafica, F. C.; Cicchetti, D. (1976): Down's syndrome children in a strange situation: attachment and exploration behavior. Merrill-Palmer Quarterly, 22, 2, 137–150

Sorce, J. F.;, Emde, R. N. (1982): The meaning of infant emotional expressions: Regularities in caregiving responses in normal and Down's syndrome infants. Child Psychol. Psychiat., 23, 2, 145–158

Spitz, R. A. (1974): Der Dialog entgleist. Reizüberlastung, Aktionszyklen und Ganzheitseffekt. Psyche, 28, 2, 135–156

– (1982): Vom Dialog. Studien über den Ursprung der menschlichen Kommunikation und ihrer Rolle in der Persönlichkeitsbildung. Frankfurt/M./Berlin/Wien

– (1988): Die Entstehung der ersten Objektbeziehungen. Stuttgart

Stern, D. N. (1992): Die Lebenserfahrungen des Säuglings. Stuttgart

Stoéru, S.; Morales-Huet, M. (1994): Psychotherapie bei Müttern und Säuglingen in Problemfamilien. Psyche, 48, 1994, 12, 1123–1153

Winnicott, D. W. (1960): Primäre Mütterlichkeit. Psyche, 14, 7, 393–399

Ziegenhain, U.; Müller, B.; Rauh, H. (1996): Frühe Bindungserfahrungen und Verhaltensauffälligkeiten bei Kleinkindern in einer sozialen und kognitiven Anforderungssituation. Praxis der Kinderpsychologie und Kinderpsychiatrie, 45, 95–102

Babys, die sich nicht beruhigen lassen – Auswege für Eltern und Babys in der lösungsorientierten Kurzzeittherapie

Von Mauri Fries

1. Das veränderte Bild vom Säugling

Aufgrund der umfangreichen Untersuchungen der empirischen Säuglingsforschung wandelte sich in den letzten Jahrzehnten unser Bild vom passiven zum „kompetenten Säugling" (Dornes 1993), der über ein erstaunliches Repertoire zur Regulation von Interaktionen mit seinen Bezugspersonen verfügt. Wir wurden darauf aufmerksam gemacht, daß der Säugling neben seinen Bedürfnissen nach Ernährung, Pflege und Schutz auch Bedürfnisse nach emotionaler Geborgenheit, nach Anregung und Kommunikation, nach dem Erkennen von Zusammenhängen in Alltagshandlungen, nach Selbstwirksamkeit und nach Erkundung seiner sozialen und dinglichen Umwelt hat, deren ausreichende Befriedigung seine Entwicklung nachhaltig unterstützen.

Zur Entfaltung und Nutzung seiner zunächst noch begrenzten regulatorischen Fähigkeiten benötigt der Säugling Interaktionspartner, die er meistens in seinen Eltern findet. Sie verfügen ebenfalls über ein Repertoire von Verhaltensbereitschaften, welches die kindlichen Prozesse der Verhaltensregulation und der Entwicklung begleiten, stimulieren und kompensatorisch unterstützen (Papoušek 1984). Diese Verhaltensbereitschaften gelten als universell und intuitiv, d.h. ihre Ausprägung ist unabhängig vom Geschlecht, vom Alter und von der Kultur zu finden.

Obwohl beide Partner aufgrund ihrer ungleichen integrativen und kommunikativen Fähigkeiten unterschiedliche Voraussetzungen einbringen, entwickelt sich die Eltern-Kind-Beziehung in einem dynamischen Anpassungsprozeß als eine funktionelle Einheit. Unterstützt wird die Entwicklung der Eltern-Kind-Beziehung durch wirksame Rückkopplungssignale, die sowohl durch das Kind als auch durch den Erwachsenen ausgelöst und empfangen werden. Auf seiten des Kindes sind sein Aussehen (Kindchenschema) und sein für die Eltern beobachtbares Verhalten wie Blickkontakt und soziales Lächeln unterstützende und stabilisierende Faktoren, welche die Eltern motivieren und von ihnen häufig auch als Belohnung für durchwachte Nächte oder erlebte Verunsicherungen wahrgenommen werden. Auf seiten der Eltern erweisen sich Faktoren wie Selbstvertrauen und Selbstwertgefühl und die Fähigkeit zu uneingeschränkter emotionaler Zuwendung als Schlüsselfaktoren für die psychische Regulation des eigenen Verhaltens (Papoušek et al. 1994).

Die angeborenen Fähigkeiten des Säuglings, frühe Interaktionserfahrungen zu integrieren, und die intuitiven Verhaltensbereitschaften seiner Eltern ermöglichen es, Selbstregulationsfähigkeiten der Familie zu entwickeln, die als Ressourcen gegenüber biologischen und psychosozialen Belastungsfaktoren wirksam werden können.

2. Belastungen in der frühen Eltern-Kind-Beziehung

Dieses oben nur im Überblick beschriebene Wissen über die vorhandenen Verhaltensbereitschaften von Eltern und Kind, die den wechselseitigen Anpassungsprozeß beider Partner an das nachgeburtliche Leben des Babys ermöglichen, unterstützen und befördern, trägt zu einem differenzierten Verständnis der frühen Entwicklung des Kindes bei. Belastungen der frühkindlichen Entwicklung erscheinen nun in einem anderen Licht. Eine der häufigsten Belastungen der frühen Eltern-Kind-Beziehung ist das exzessive Schreien, häufig auch Drei-Monats-Koliken genannt, das allein oder im Zusammenhang mit anderen Verhaltensproblemen, insbesondere Schlafproblemen, ursächlich die Ressourcen der Familie erschöpft oder sekundär als Folge von Belastungsfaktoren der Eltern wie z. B. Partnerschaftskonflikte, beengte ökonomische Verhältnisse oder psychische Erkrankungen eines Elternteils zur Überforderung der Selbstregulationsfähigkeit der Familie führt.

Eine nicht geringe Anzahl von Säuglingen leidet unter diesen Unruhezuständen, die durch Schreien, Unwohlsein und Quengeln gekennzeichnet sind. Unter diesen Unruhezuständen leiden auch die Eltern. Ein Baby, das über Monate viele Stunden täglich schreit, stellt für die ganze Familie einen erheblichen Streßfaktor dar. Schreien ist ein Signal des Kindes, das die Eltern ebenfalls in Unruhe versetzt. Sie suchen nach den Ursachen für das Schreien und bemühen sich, diese zu beseitigen. Gelingt es den Eltern häufig wiederkehrend nicht, das Baby erfolgreich zu beruhigen, dann werden die intuitiven Verhaltensbereitschaften eingeschränkt oder blockiert (Papoušek 1995). Das elterliche Verhalten wird stereotyper, kindliche Signale werden häufiger ignoriert und der spielerische Austausch wird weniger oder fehlt gänzlich. Bei den Eltern stellen sich Gefühle der Ohnmacht und des Versagens ein, aber auch der Wut, über deren Ausmaß Eltern sehr erschrocken sein können. Gefühle der Wut verstärken wiederum ihre Schuldgefühle. Ein Baby, das über Wochen und Monate scheinbar grundlos schreit, bringt Eltern an den Rand ihrer Kräfte. Es stellt sich ein Erschöpfungssyndrom ein. Wut und Erschöpfung können ein explosives Gefühlsgemisch eingehen, das dazu führt, daß „die Sicherungen der Eltern durchbrennen". Schreien ist im Säuglings- und Kleinkindalter das häufigste Auslösesignal für Mißhandlungen (Riedesser 1990; Barth 1994; Esser 1994).

Schreien an sich ist das wirkungsvollste Mittel des Babys, sein Unbehagen zu signalisieren. Schreien ist ein Distanzsignal und wird in einer Kultur mit einer größeren Distanz zum Baby sinnvoll, um Bezugspersonen auf sich aufmerksam zu machen. Durch die Distanz zwischen Baby und Eltern können diese die frühen Anzeichen für herannahendes Unbehagen, das sich durch Veränderungen im Muskeltonus, in der Mimik und in den Handbewegungen ankündigt, nicht erkennen. Schreien ist das Telegramm des Babys, das abgeschickt wird, nachdem uns andere Signale nicht erreicht haben (Barth 1997).

In der Forschungsliteratur definiert man zur Vergleichbarkeit von Untersuchungen exzessives Schreien als ein Schreien im ersten Lebenshalbjahr, das länger als drei Stunden, öfter als drei Tage und dies über mehr als drei Wochen anhält (Wessel et al. 1954). Subjektiv aus der Sicht der Eltern wird Schreien ganz pragmatisch als exzessives Schreien aufgefaßt, wenn es zu einem Problem für die Eltern wird. Übermäßiges Schreien gehört neben Schlaf- und Fütterproblemen zu den häufigsten Gründen für eine Konsultation beim Kinderarzt im ersten Lebensjahr (Wolke 1994). Die Angaben über die Verbreitung des exzessiven Schreiens schwanken zwischen 10 und 29 % (Lentze 1990; Wolke 1994; v. Hofacker 1998).

Verdauungsprobleme als Hauptursache für das exzessive Schreien anzusehen, erscheint nach dem gegenwärtigen Wissensstand als zu vereinfacht. Eine multifaktorielle Verursachung, bei der sowohl Ursachen beim Baby als auch bei seinen Eltern und in der Art der gemeinsamen Interaktion zu finden sind, tragen zur Auslösung und Aufrechterhaltung des exzessiven Schreiens bei. Die Ergebnisse der interdisziplinären Säuglingsforschung legen die Erklärung nahe, daß das exzessive Schreien Ausdruck einer erschwerten postpartalen Anpassung des Säuglings an seine neue Umgebung ist, welche durch eine mangelnde Ausreifung der Verhaltensregulation des Säuglings verursacht wird. Die Einschränkungen in der Verhaltensregulation betreffen die Regulation von Biorhythmen und Verhaltenszuständen

(Papoušek 1984; 1985 a). Säuglinge mit einer verzögerten Ausreifung der Verhaltensregulation stellen eine Herausforderung für die Eltern dar. Es sind die „schwierigen Säuglinge" oder weniger fatalistisch formuliert die „Säuglinge mit besonderen Bedürfnissen" nach Unterstützung ihrer Verhaltensregulation (Fries 1998).

Die einzelnen Regulationsbereiche des Säuglings (Schlaf-Wach-Regulation, Regulation der Nahrungsaufnahme, Regulation von Reizaufnahme und Reizabschaltung sowie die affektive Regulation) stehen in einem engen Reifungs- und Entwicklungszusammenhang. Aus diesem Grund wirken sich Schwierigkeiten der Verhaltensregulation häufig gleichzeitig oder auch nacheinander in verschiedenen Regulationsbereichen aus. Schreibabys haben z. B. häufig gleichzeitig oder später Schlafprobleme (v. Hofacker 1998).

Das Verhalten des Kindes wird in jedem Fall von den Eltern interpretiert (Brazelton/Cramer 1994). Eltern sind unterschiedlich gelassen oder angespannt im Umgang mit ihrem Baby und drücken ihre Gedanken und Gefühle unbewußt in ihrer Mimik und Gestik, in ihrer Stimmung aus. Babys haben hochgradig sensible „Antennen" für diese Botschaften. Auch wenn sie den sprachlichen Inhalt nicht verstehen, können sie doch den mit den Gedanken und Äußerungen verbundenen Druck oder die Gelassenheit wahrnehmen. Gelassenheit wirkt im Sinne der koregulatorischen Unterstützung. Im Falle der Belastung durch das exzessive Schreien und/oder die Schlafstörungen wirkt das angespannte, ungeduldige elterliche Verhalten und ihre enttäuschten oder negativen Deutungen des kindlichen Verhaltens im Sinne einer Aufrechterhaltung oder Verstärkung der Regulationsprobleme. Koregulatorische Unterstützung oder Verstärkung der Regulationsprobleme spielen sich ab in den alltäglichen Handlungen von Füttern, Beruhigen, Pflege, Spielen, Bettzeit, Grenzsetzungen (Papoušek 1990). Hier werden Kommunikation und Beziehung zwischen dem Kind und den Eltern aufgebaut und erfahren.

Treten zu den Schwierigkeiten der Verhaltensregulation noch psychosoziale Belastungen der Eltern hinzu, dann können sich aus den negativen Bedeutungszuschreibungen und Phantasien gegenüber den kindlichen Reaktionen Störungen der Kommunikation und der Beziehung zwischen Eltern und Kind entwickeln. Ob sich solche Kommunikations- und Beziehungsstörungen entwickeln, wird auch abhängig sein von den Ressourcen, die einer Familie zur Verfügung stehen. Sie entscheiden mit darüber, inwieweit Risikobedingungen oder vorübergehende Belastungen kompensiert werden können oder ob es zu einer fortschreitenden Dekompensation des familiären Gleichgewichtes mit der Gefahr von Kindesvernachlässigung und -mißhandlung kommt.

3. Beratung von Eltern mit „schwierigen" Säuglingen

Die Ergebnisse der empirischen Säuglingsforschung und das Verständnis für positive und negative Kommunikationskreisläufe fließen seit etwa Anfang der 90er Jahre in die Entwicklung von Interventionsmöglichkeiten in verschiedenen Einrichtungen ein (Barth 1995; Papoušek 1995; 1996; 1998; GAIMH 1996). In der Beratung von Eltern mit einem „schwierigen" Säugling findet man Ansätze aus unterschiedlichen therapeutischen Richtungen: Verhaltenstherapie, Eltern-Säuglings-Psychotherapie, Gesprächspsychotherapie, kommunikative Therapie (Papoušek et al. 1994; Papoušek 1996).

Folgt man dem bisher Gesagten, daß das exzessive Schreien und häufig in Folge die Schlafprobleme Ausdruck einer frühen Kommunikationsstörung zwischen Eltern und Kind sind, so liegt das Hauptanliegen von Beratungen darin, eine Entgleisung der Kommunikation aufzuhalten bzw. zu verhüten und die Blockierungen der intuitiven elterlichen Verhaltensbereitschaften zu erkennen, um sie dann zu reduzieren bzw. zu beseitigen. Im Mittelpunkt der Interventionen steht die Entwicklung und Wiederherstellung einer befriedigenden Eltern-Kind-Beziehung mit dem Ziel, daß Eltern

1. besser die Signale und Verhaltenszustände ihres Kindes verstehen können,
2. die selbstregulatorischen Fähigkeiten ihres Kindes wirksamer unterstützen können,
3. mit größerer Gelassenheit die Entwicklung ihres Kindes wahrnehmen können,
4. die Interaktionen mit ihrem Baby wieder genießen können.

Dafür benötigen die Eltern ein stützendes psychotherapeutisches Umfeld, in dem sie auch ihre ambivalenten elterlichen Gefühle von Enttäuschung, Wut oder Vernachlässigungs- und Mißhandlungsimpulsen äußern können, ohne Schuldzuweisungen befürchten zu müssen (v. Hofacker 1998; Papousek 1998; Pedrina 1998).

Je nach Anliegen und Situation konzentrieren sich die Interventionen auf das konkrete Verhalten des Babys und seiner Eltern oder auf die Gedanken, Vorstellungen und Gefühle der Eltern. Zumeist fließen beide Ebenen mit unterschiedlichen Schwerpunktsetzungen in die Interventionen ein. In dieser frühen Entwicklungszeit besteht ein sehr enger Zusammenhang zwischen der Verhaltens- und der Repräsentationsebene. Veränderungen in der einen Ebene führen in der Regel auch zu Veränderungen in der anderen Ebene. Veränderungen in den Repräsentationen der Eltern („Ich weiß, wie ich mit meinem Baby umgehe, auch wenn es noch schwer in den Schlaf findet und in seiner Wachzeit schnell von äußeren Reizen überfordert ist.") führt zu einer veränderten Wahrnehmung des Kindes („Es verkraftet nur wenig Stimulation.") und darüber hinaus zu einer Veränderung seines Verhaltens (die Verhaltensregulation wird besser unterstützt und es schreit weniger). Veränderungen im Verhalten des Kindes (es schreit weniger) führen zu veränderten Repräsentationen bei den Eltern („Ich bin eine kompetente Mutter, ein kompetenter Vater.").

4. Die lösungsorientierte Kurzzeittherapie

Im folgenden möchte ich die Anwendungsmöglichkeiten der lösungsorientierten Kurzzeittherapie (de Shazer 1998a, b) und ihren Weiterentwicklungen (Schlippe/Schweitzer 1996) beschreiben, mit denen die im Oktober 1996 gegründete „Beratung für Eltern mit Babys" des Institutes für Entwicklungspsychologie, Persönlichkeitspsychologie und Psychodiagnostik an der Universität Leipzig vorrangig arbeitet.

Lösungsorientierte Kurzzeittherapie baut auf dem Grundgedanken auf, daß jedes System über die Kompetenzen und Ressourcen verfügt, die es zur Lösung seiner Probleme benötigt, sie aber aus bestimmten Gründen gerade nicht nutzen kann. Das Ziel der Beratung besteht darin, diese Kompetenzen und Ressourcen durch geeignete Fragetechniken zu finden oder auch zu „erfinden" und dem System zugänglich zu machen. Damit eröffnen sich neue Perspektiven, von denen das System die für sich selbst angemessene wählen kann. Auch Eltern und Babys verfügen über Kompetenzen, die die Ressourcen für eine befriedigende Eltern-Kind-Beziehung als bedeutsame Basis für die Entwicklung des Kindes darstellen.

Die Erfahrungen in der Beratung zeigen, daß es im Kleinkindalter sinnvoll ist, kurzzeitige, bei Bedarf zu wiederholende Interventionen anzubieten. Zu bestimmten Entwicklungsschritten des Kindes oder bei akuten Belastungen kann die Kommunikation zwischen Eltern und Kind gefährdet sein (Largo 1992; Brazelton 1994). Diese Gefährdungen scheinen durch zunehmende Verunsicherungen junger Eltern, durch Arbeitsbelastungen und/oder ökonomische Belastungen anzuwachsen. Doch oftmals reichen kurze Interventionen, die erstaunlich schnell wirksam sind (Chancen und Notwendigkeit 1997).

Die verschiedenen Schulen systemischer Familientherapie haben zu einer Veränderung im therapeutischen Setting geführt, welche die Familie als ein ganzheitliches System in die Beratung oder Therapie einbeziehen. Dies ist mittlerweile eine selbstverständliche Haltung geworden, auf die an dieser Stelle dennoch hingewiesen werden soll. Gerade frühe Elternschaft wird immer noch oder wieder als ein Problem der Mütter gesehen, die relativ isoliert die Verantwortung für die frühe Entwicklung alleine tragen, nicht zuletzt auch mit traditionellen Familienkonzepten begründet. Systemisches Denken, wie man es aus den familientherapeutischen Ansätzen erlernen kann, verpflichtet uns, das System der Mutter-Kind-Dyade in ein größeres System, zu dem der Vater des Kindes, Großeltern, Freunde, aber auch Angebote der Kommune für Familien mit Babys gehören, zu verankern und diese systemischen Zusammenhänge explizit als Ressourcen zu nutzen. Das bezieht sich zum einen darauf, Müttern, auch Vätern, die Wahrnehmung dieser Ressourcen überhaupt oder wieder zu ermöglichen, und zum anderen, auch Aktivitäten für den Erhalt oder den Ausbau von Einrichtungen verschiedenster Art für Eltern mit Babys zu initiieren.

4.1 Fragetechniken

Die Beraterin als Expertin für Fragen verfügt über eine Reihe von Fragetechniken, die das Auffinden der für die Familie angemessenen Lösungen mit ihr ermöglichen soll. Diese scheinbar harmlose Methode des Fragenstellens ist mehr als eine bloße Informationsgewinnung. Durch die Art der Fragen werden bei den Klienten auch Informationen erzeugt. Wie beim Kommissar Colombo in der gleichnamigen Kriminalserie, der noch im Gehen scheinbar so nebensächliche Fragen an seine Gesprächspartner stellte, generieren Fragen neue Ideen beim Befragten. Nach dem kommunikationstheoretischen Axiom, daß man „nicht nicht kommunizieren kann" (Watzlawick et al. 1969), stellen Fragen bereits eine Form der Intervention dar, deren Wirkungen der Beraterin bewußt sein sollten.

In der lösungsorientierten Kurzzeittherapie werden *Skalierungsfragen* angewandt, um den Fortgang von Veränderungen zu beurteilen, aber auch die Bereitschaft zu Beziehungen, den Selbstwert, die Hoffnung auf Veränderung, die Motivation zur Mitarbeit an Lösungen. In der Beratung von Eltern mit Babys nutzen wir *Skalierungsfragen* hauptsächlich zur Abschätzung der Erschöpfung bzw. der Kraftreserven der Eltern und der erreichten Veränderungen, ablesbar an der Abnahme der Erschöpfung. Zugleich erhalten wir auch Hinweise darüber, wer von den Eltern über die größeren Reserven verfügt und wer dementsprechend mehr Entlastung benötigt.

„Stellen Sie sich eine Skala von 1 bis 10 vor. 1 steht für einen Zustand der Erschöpfung, wie es schlimmer nicht mehr werden darf, und 10 für einen Zustand, da sind Sie so fit und kräftig, wie Sie es sich für sich wünschen. Wo stehen Sie da heute?"
„In der letzten Woche waren Sie bei 3. Heute sind Sie bei 5 angekommen. Da hat sich einiges verändert. Was haben Sie gemacht, um von 3 nach 5 zu kommen?"
„Wie kann es Ihrer Frau gelingen, von 3 nach 5 zu kommen? Gibt es etwas, was Sie dazu beitragen könnten?"

Angesichts vielfältiger Belastungen, die sich im Zusammenleben mit einem kleinen Kind aufgrund der noch eingeschränkten Regulationsfähigkeit des Babys und/oder psychosozialer Probleme der Eltern ergeben können, ist es u. U. erstaunlich, wie sie die Situationen bewältigen. In der Beratung ist es uns wichtig, diese Kompetenzen der Bewältigung zu würdigen. Dazu eignen sich *Copingfragen*.

„Woher nahmen Sie die Kraft, alles zu bewältigen?"
„Wer oder was war dabei hilfreich?"

„Wenn das Schreien bzw. das Schlafproblem noch einige Zeit bestehen bliebe, was können Sie dann tun, um die Situation zu bewältigen? Wer kann Sie dabei unterstützen?"
„Was haben Sie früher, als Ihr Baby noch nicht geboren war, getan, um sich zu erholen, wenn Sie sehr erschöpft waren?"

Familien suchen die Beratung auf, weil sie sich von einem Verhalten ihres Babys verunsichert oder überfordert fühlen. Es ist zu einem Problem für sie geworden, das sie häufig ausführlich beschreiben können. Mit dieser Problemfixierung geraten sie in eine Situation, in der jegliches Verhalten des Babys unter diesem Blickwinkel interpretiert wird und oft eine Erwartungshaltung gegenüber dem Problem („bevor mein Baby in der Nacht aufwachen wird, bin ich innerlich schon auf dem Sprung") entsteht. Damit werden die Selbstregulationsfähigkeiten des Babys übersehen und die Möglichkeiten zu ihrer Entfaltung wird eingeschränkt. Um diese Problemperspektive durch neue Perspektiven zu ergänzen, erscheinen *Ausnahmefragen* sinnvoll. Dahinter steckt die Idee, daß es Ausnahmen, seien sie auch noch so selten oder gering, gibt, und daß die Identifikation der Bedingungen für die Ausnahmen ermöglicht, diese häufiger zu realisieren. Ausnahmen vom Problem werden von den Eltern allgemein als selten eingeschätzt, und so sind sie häufig überrascht, wenn sie gefragt werden, wann das Problem nicht auftritt.

„Ich habe mich gerade gefragt, ob es auch Situationen gibt, in denen Ihr Kind leichter einschläft?"
„Was ist anders, wenn das Kind leichter einschläft?"
„Was tun Sie dann anders, wenn Ihr Kind leichter einschläft?"

Antworten auf *Ausnahmefragen* erlauben im weiteren Gespräch mit den Eltern die Unterschiede zwischen dem Auftreten des Problems und der Ausnahme der teilweisen oder völligen Abwesenheit des Problems zu erkunden und für die Eltern wahrnehmbar zu machen. Hieran kann sich unter Umständen eine Beobachtungsaufgabe anschließen, die Unterschiede z. B. beim Einschlafen am Abend und am Mittag bis zum nächsten Termin zu beobachten. Unterschiede können sich auf die äußere Gestaltung der Situation, das Verhalten des Kindes, der Eltern, der Gefühle der Eltern oder anderer Einflüsse beziehen. Je konkreter die Bedingungen für mögliche Unterschiede besprochen werden, desto leichter können Eltern sie beobachten und im Verlauf der weiteren Beratung aktiv selbst nutzen.

Für manche Eltern ist es schwierig, Ausnahmen zu benennen. „Alles" ist furchtbar, es gibt keine Ausnahme, dann hilft nur noch ein Wunder (v. Schlippe/Schweitzer 1996, 159). Die klassische Form der *Wunderfrage* im lösungsorientierten Interview verwenden wir in modifizierter Form:

B: „Stellen Sie sich vor, es geschieht ein Wunder und Ihr Kind schläft in der nächsten Nacht durch. Da Sie auch schlafen konnten, wissen Sie es nicht gleich, daß das Wunder passiert ist. Was würde sich für Sie, für Ihre Familie ändern? Was würden Sie dann am liebsten tun?"
Eltern: „Ich könnte mich mal ausschlafen."
„Ich würde mal ganz in Ruhe in die Badewanne gehen."
„Wir würden mehr mit dem großen Bruder spielen."
„Wir könnten mal was unternehmen."

Häufig wird deutlich, daß sich die Wünsche nach dem „Wunder" auf alltägliche Aktivitäten beziehen, welche die Eltern sehr vermissen. Vielleicht wird es zu einem bestimmten Zeitpunkt möglich sein, *so zu tun, als ob das Wunder geschehen wäre,* und eine von den genannten Aktivitäten zu planen. Zur Entlastung der Eltern und Stärkung ihrer Ressourcen kann das Gespräch zur konkreten Planung einer solchen Aktivität genutzt werden, die aber unter den individuellen Bedingungen für die Familie realisierbar sein muß. Das Gespräch über eine Aktivität wird von den Eltern, besonders von den Müttern, auch als eine Erlaubnis angenommen, etwas für sich selbst zu tun. Dies hat unserer Erfahrung nach zwei Effekte für die Interaktion zwischen dem Baby und seiner Mutter bzw. seinem Vater. Zum einen trägt die Realisierung einer vermißten Beschäftigung zur Verbesserung der eigenen Kräfte bei, zum anderen erleben wir auch einen Einfluß auf das Selbstwertgefühl der Eltern.(„Ich bin es wert, etwas für mich zu tun, und ich weiß, daß ich trotzdem eine gute Mutter/ein guter Vater bin.")

Eine Mutter, die viele Ideen bei der Wunderfrage hatte, meinte in der zweiten Sitzung, am meisten habe ihr die Erlaubnis der Beraterinnen geholfen, es sich so richtig bequem zu machen. Die Auswirkungen waren auch in ihrer Körperhaltung zu beobachten.

Im Zusammenhang mit Schreien und Schlafproblemen bringen Eltern häufig mehrere Anliegen vor. Alle gleichzeitig zu bearbeiten, würde sowohl die Familie zusätzlich als auch die Therapeutin überfordern. *Zielfragen* können eine Hierarchie von Zielen, aber auch unterschiedliche Sichtweisen auf die Ziele bei den Eltern deutlich machen. Gemeinsam mit den Eltern wird im Gespräch überlegt, mit welchem Ziel die Beratung fortgeführt werden soll. Ziele können z. B. die Stärkung der eigenen Kräfte, das Erreichen von mehr Gelassenheit im Umgang mit dem Kind, Rückhalt gegenüber den Ratschlägen von Großeltern und Freunden, Veränderungen von Einschlafgewohnheiten sein.

Formen des *zirkulären Fragens* stellen eine weitere wichtige Frageform dar, die zunächst in der systemischen Familientherapie der Mailänder Schule entwickelt wurde (v. Schlippe/ Schweitzer 1996). Ihrer Anwendung liegt die Annahme zugrunde, daß alle Verhaltensweisen, Symptome oder Gefühlsausdrücke nicht nur Ereignisse sind, die in der einzelnen Person ablaufen, sondern zugleich auch eine Funktion als kommunikatives Angebot an die Umgebung besitzen. Unter diesem Blickwinkel wird noch einmal deutlich, daß exzessives Schreien oder Schlafstörungen auch als Ausdruck einer dysfunktionalen Kommunikation zwischen Kind und Eltern zu betrachten sind. Diese dysfunktionalen Kommunikationsmuster wirken sich auch auf die Kommunikation zwischen den Eltern aus, die sich u. U. in gegenseitigen Schuldzuweisungen am Verhalten des Kindes oder dem Vorwurf der Bagatellisierung bzw. der Übertreibung festfahren. *Zirkuläre Fragen* ermöglichen eine Außenperspektive auf das eigene Verhalten, Denken, Fühlen aus der Sicht des anderen Elternteils oder anderer Angehöriger.

„Für wen ist das ständige Schreien Ihres Babys ein größeres Problem?"
„Wer ist darüber am meisten beunruhigt?"
„Wie kommt es, daß sich Ihre Frau soviel Sorgen über die Entwicklung Ihres Kindes macht?"
„Wie gelingt es Ihrem Mann, scheinbar so gelassen gegenüber dem Verhalten des Kindes zu sein, so daß Sie manchmal denken, er nimmt Ihre Sorgen nicht richtig ernst?"
„Was kann Ihre Frau tun, um es sich mal richtig gut gehen zu lassen?"
„Was kann Ihr Mann tun, um alles mit der Arbeit und dem Kind gut unter einen Hut zu bekommen?"

4.2 Beobachtung

Mit diesen Frageformen erhalten wir Antworten, welche die subjektiven Theorien oder Repräsentationen der Eltern und die bisher unternommenen Lösungsversuche verdeutlichen, aber auch diesbezügliche Ideen bei ihnen erzeugen. Gleichberechtigt daneben steht die Beobachtung der Interaktion zwischen Mutter/Vater und Kind anhand von Videoaufnahmen von Wickel-, Spiel-, und/oder Fütterungsinteraktionen, die wir nach Möglichkeit mit den Eltern gemeinsam anschauen. Ziel des *Videofeedbacks* (Papoušek 1998) ist die Identifikation der Elemente der Interaktion, welche die Entwicklung einer befriedigenden Eltern-Kind-Interaktion unterstützen können, um dann mit den Eltern zu besprechen, wie diese konkret und in kleinen Schritten unter häuslichen Bedingungen realisiert werden können. Das beinhaltet

z. B. eine bewußtere Wahrnehmung und Ausnutzung der zufriedenen Wachzustände des Kindes für gemeinsame spielerische Interaktionen, ein sensibleres Achten auf Anzeichen einer Überlastung des Babys, eine Verstärkung der sprachlichen Anregungen und Ermutigung zur Babysprache.

Videoaufnahmen sind für Mütter oder Väter ungewohnt, zeigen aber nach unserer Erfahrung bestimmte Verhaltensweisen wie in einem Brennglas deutlicher. Das Argument, daß sich Eltern vor der Kamera von ihrer besten Seite zeigen, läßt sich lösungsorientiert im Beratungs- und Therapieprozeß in dem Sinne nutzen, daß es diese erstrebenswerten Ausnahmen gibt und daß man nun herausfinden muß, wie es Eltern gelingen kann, von diesem erwünschten Verhalten in ihren alltäglichen Kontexten mehr zu verwirklichen.

Bei depressiven Müttern oder Müttern/Vätern mit extrem wenigen oder gar keinen Anzeichen von intuitiven Kompetenzen entfällt das gemeinsame Anschauen als Interventionsmöglichkeit. Übungssitzungen ohne Kamera, in denen sich die Therapeutin als Übersetzerin der Signale des Kindes und/oder als Modell für die Interaktion zur Verfügung stellt, erscheinen angemessener. Diese Übungssitzungen werden begleitet durch psychotherapeutische Gespräche mit dem Ziel, die Zusammenhänge zwischen den Gefühlsreaktionen der Eltern und dem Verhalten des Kindes für die Eltern verständlich zu machen, bestimmte Interventionen, besonders bei der Behandlung von Schlafproblemen, vorzubereiten oder Möglichkeiten einer individuellen Psychotherapie zu besprechen. Beispiel:

Die Mutter einer 5 Monate alten Tochter mit Schrei- und Schlafproblemen beschreibt das Gefühl gegenüber ihrer Tochter, nichts richtig zu machen. Sie erlebt, egal was sie mit ihrer Tochter macht, um sie zu beruhigen oder zum Schlafen zu „überreden", nichts ist richtig. Auf Nachfrage, ob sie dieses Gefühl auch aus anderen Lebenssituationen kennt, berichtet sie über ihre Eltern, ihre Schulzeit und ihren Partner, daß es bei denen auch schon immer so gewesen sei. Aus diesem Gefühl heraus hat sich in der Interaktion mit der Tochter eine Überstimulation entwickelt, bei der das Kind nicht zur Ruhe kommen kann und in den Wachzeiten häufig überfordert ist. Dies führt bei dem Kind zu Schrei- und Unruhezuständen, langen Einschlafphasen, was wiederum bei der Mutter das Gefühl verstärkt, alles falsch zu machen.

In den Sitzungen in der Beratungsstelle verfahren wir zweigleisig. In Spielinteraktionen üben wir die Reduzierung der Stimulation. Hier erscheint es uns wichtig, darauf zu achten, daß die Aktivitäten, die zur Überstimulation führten, der Mutter Sicherheit bieten. Diese Sicherheit muß erhalten bleiben, aber sie bedarf anderer Quellen. Reduzierung alleine reicht nicht, sondern es muß für die Mutter erfahrbar werden, was sie statt dessen machen kann. Das Prinzip lösungsorientierter Kurzzeittherapie, die Anwesenheit von etwas zu thematisieren, wird hierbei berücksichtigt. In den Gesprächen werden die Zusammenhänge zwischen dem Verhalten des Kindes und den eigenen Gefühlen besprochen.

4.3 Beratung

Die Beratung wird entweder von einer Beraterin allein oder, wenn eine Studentin zur Verfügung steht, dann als „reflecting team" (Andersen 1990) durchgeführt: Während die Beraterin sich eher auf das Gespräch mit den Eltern konzentrieren kann, nutzt die im gleichen Raum anwesende Praktikantin verstärkt die Verhaltensbeobachtung, um dann in einer wertschätzenden Weise die Entwicklung des Kindes und seine Fähigkeiten sowie die Fähigkeiten der Eltern würdigen zu können.

Nach einer Phase des Gesprächs der Beraterin mit den Eltern in Anwesenheit des Teammitgliedes wendet sich die Beraterin an dieses und bespricht in Gegenwart der Eltern das Gehörte und Gesehene. Die Mitglieder des „reflecting team" sprechen miteinander über gedankliche Angebote statt diagnostischer Festschreibungen, und die Eltern hören zu. Sie arbeiten mit Komplimenten und orientieren sich an den angebotenen Themen und an evtl. schon vorhandenen konstruktiven Ideen und Lösungsversuchen der Eltern.

Gesprächsausschnitt mit einer Mutter von vier Kindern (4, 3, 2 Jahre und 9 Monate). Anlaß der Beratung: Schlafprobleme der zweijährigen Tochter.

B1: „Wir haben erfahren, daß es in dieser Familie viel zu tun gibt und daß Frau Z. gut den alltäglichen Ablauf morgens, bis alle Kinder in der Einrichtung sind, organisieren kann. Ich bin wirklich sehr beeindruckt, daß Frau Z. bei diesem Arbeitspensum sagt, heute sei sie bei 10." (Bezug zur Skalierungsfrage über das Ausmaß von Kraftreserven und Erschöpfung)
B2: „Ich finde auch, daß sie das gut schafft."
B1: „Was mir noch gut in Erinnerung ist, daß sie sagt: ‚Wenn ich in das Kinderzimmer reinkomme, dann hört Caroline sofort zu schreien auf und freut sich.' Meine Gedanken gehen dahin, daß in dieser großen Familie die Caroline mit ihrem Verhalten in der Nacht zeigt: ‚Mama ich will ein bißchen mehr von dir.' Am Tage sind die Großen schneller, weil sie sagen können, was sie brauchen, und das Baby bekommt auch mehr, weil es noch so klein ist."
Frau Z. nickt.
B2: „Nun ist die Frage, wie das die Mama schaffen kann. Vielleicht kann sie Caroline früher aus der Krippe abholen oder die Familienhelferin kümmert sich zu einer bestimmten Zeit des Tages um die drei anderen Kinder. Vielleicht gibt es noch andere Möglichkeiten, an die wir jetzt noch gar nicht gedacht haben?"

Nach einer bestimmten Zeit beenden die Beraterinnen ihr Gespräch, und die Eltern werden gebeten, ihrerseits über das Gehörte zu reden und die Ideen aufzugreifen, die ihnen für ihre Familie passend erscheinen und von denen sie glauben, daß sie eine Lösung enthalten können. Auf diese Weise wird der Kreis der Möglichkeiten durch das Gespräch der Beraterinnen untereinander, in welches sie ihre Fachkompetenz einfließen lassen, erweitert. Die Eltern behalten jedoch ihre Expertenschaft durch die ihnen zugestandene Wahlmöglichkeit.

In der Literatur werden unter dem Begriff der Kurzzeittherapie verschiedene Formen in der Beratung von Eltern diskutiert (v. Klitzing 1998). Wir beobachten bei der von uns angewendeten Form der lösungsorientierten Kurzzeittherapie die deutlichsten Effekte in der Stärkung des Selbstvertrauens der Eltern im Umgang mit ihrem „Baby mit besonderen Bedürfnissen" durch die Suche nach ihren Kompetenzen und deren Verbesserung. Die durch die Form der Fragen eingeleitete Erweiterung von Perspektiven ermöglicht eine Wahrnehmung und Nutzung von Ressourcen, die, auch für Familien mit vielfältigen Belastungen, vorher nicht erkennbar waren und die Selbstregulationsfähigkeit der Familie wiederherstellen bzw. erhöhen. Wir glauben, daß die hier vorgestellten Elemente der lösungsorientierten Kurzzeittherapie die bisher entwickelten Beratungs- und Therapieverfahren ergänzen können und sinnvolle Auswege ermöglichen.

Literatur

Andersen, T. (Hrsg.) (1990): Das reflektierende Team. Dortmund
Barth, R. (1994): Prävention von Mißhandlung und Vernachlässigung: Ein Beratungsangebot für Eltern mit Säuglingen und Kleinkindern in Australien. In: Kürner, P.; Nafroth, R. (Hrsg.): Die vergessenen Kinder: Vernachlässigung und Armut in Deutschland. Köln, 139–156
– (1995): Projekt „Schreibabys": Abschlußbericht. Hamburg: Behörde für Arbeit, Gesundheit und Soziales, Amt für Gesundheit, Fachabteilung: Gesundheitsförderung/Gesundheitsberichterstattung
– (1997): Vortrag auf der Tagung des Arbeitskreises „Schreien, Schlaf- und Fütterstörungen" der GAIMH in Leipzig. Oktober 1997
– (1998): Psychotherapie und Beratung im Säuglings- und Kleinkindalter. In: Klitzing, K. v. (Hrsg.): Psychotherapie in der frühen Kindheit. Göttingen
Brazelton, T. B. (1994): Touchpoints: Opportunities for preventing problems in the parent-child-relationship. Acta Paediatrica, Suppl., 394, 35–39
– Cramer, B. G. (1994): Die frühe Bindung. 2. Aufl. Stuttgart

Chancen und Notwendigkeit früher Prävention. Zur kritischen Lebenssituation von Säuglingen und Kleinkindern in psychosozial belasteten Familien. Thesenpapier des Arbeitskreises „Präventive Intervention bei Familien mit multiplen Risikobedingungen" der GAIMH (1997)
Dornes, M. (1993): Der kompetente Säugling. Die präverbale Entwicklung des Menschen. Frankfurt/M.
Esser, G. (1994): Ablehnung und Vernachlässigung im Säuglingsalter. In: Kürner, P.; Nafroth, R. (Hrsg.): Die vergessenen Kinder: Vernachlässigung und Armut in Deutschland. Köln, 72–80
Fries, M. (1998): Schreikinder – Babys mit besonderen Bedürfnissen? Vortrag zur Fortbildung von Still- und Laktationsberaterinnen. Leipzig
GAIMH-Satzung 1996
Hofacker, N. v. (1998): Frühkindliche Störungen der Verhaltensregulation und der Eltern-Kind-Beziehung. Zur differentiellen Diagnostik und Therapie psychosomatischer Probleme im Säuglingsalter. In: Klitzing, K. v. (Hrsg.): Psychotherapie in der frühen Kindheit. Göttingen
Klitzing, K. v. (Hrsg.) (1998): Psychotherapie in der frühen Kindheit. Göttingen
Kürner, P.; Nafroth, R. (Hrsg.) (1994): Die vergessenen Kinder: Vernachlässigung und Armut in Deutschland. Köln
Largo, R. H. (1992): Die normalen Krisen der kindlichen Entwicklung. Kindheit und Entwicklung, 1, 72–76
Lentze, M. J. (1990): Der unruhige Säugling mit Bauchschmerzen. In: Pachler, J. M.; Straßburg, H.-M. (Hrsg.): Der unruhige Säugling. Fortschritte der Sozialpädiatrie, Bd. 13. Lübeck, 105–114
Pachler, J. M.; Straßburg, H.-M. (1990): Der unruhige Säugling. Fortschritte der Sozialpädiatrie, Bd. 13. Lübeck
Papoušek, M. (1984): Psychobiologische Aspekte des Schreiens im frühen Säuglingsalter. Sozialpädiatrie in Praxis und Klinik, 6, 517–526
– (1985a): Beobachtungen zur Auslösung von Schreiepisoden im frühen Säuglingsalter. Sozialpädiatrie in Praxis und Klinik, 7, 86–92
– (1985b): Umgang mit dem schreienden Säugling und sozialpädiatrische Beratung. Sozialpädiatrie in Praxis und Klinik, 7, 294–300, 352–357
– (1995): Frühe Störungen der Eltern-Kind-Beziehungen im Säuglingsalter: Ein präventiver Ansatz zur Früherkennung und Behandlung. In: Schneider, H. (Hrsg.): Die frühe Kindheit. 51. Psychotherapie-Seminar Freudenstadt/Heidelberg
– (1996): Die intuitive elterliche Kompetenz in der vorsprachlichen Kommunikation als Ansatz zur Diagnostik von präverbalen Kommunikations- und Beziehungsstörungen. Kindheit und Entwicklung, 5, 140–146
– (1998): Das Münchner Modell einer interaktionszentrierten Säuglings-Eltern-Beratung und Psychotherapie. In: Klitzing, K. v. (Hrsg.): Psychotherapie in der frühen Kindheit. Göttingen
– et al. (1994): Münchener Sprechstunde für Schreibabys. Erste Ergebnisse zur Früherkennung und Prävention von Störungen der Verhaltensregulation und der Eltern-Kind-Beziehungen. Sozialpädiatrie und Kinderärztliche Praxis, 16, 680–686
– Papoušek, H. (1990): Intuitive elterliche Früherziehung in der vorsprachlichen Kommunikation. Sozialpädiatrie in Praxis und Klinik, 12, 521–527 u. 579–583
Pedrina, F. (1998): Eltern-Kind-Therapien bei postpartalen Depressionen. In: Klitzing, K. v. (Hrsg.): Psychotherapie in der frühen Kindheit. Göttingen
Petermann, F. (Hrsg.) (1994): Verhaltenstherapie mit Kindern. Baltmannsweiler
Riedesser, P. (1990): Vernachlässigung und Mißhandlung chronisch unruhiger Säuglinge und Kleinkinder. In: Pachler, J. M.; Straßburg, H.-M. (Hrsg.): Der unruhige Säugling. Fortschritte der Sozialpädiatrie, Bd. 13. Lübeck, 257–269
Schlippe, A. v.; Schweitzer, J. (1996): Lehrbuch der systemischen Therapie und Beratung. Göttingen/Zürich
Schneider, H. (Hrsg.) (1995): Die frühe Kindheit. 51. Psychotherapie-Seminar Freudenstadt/Heidelberg
Shazer, St. de (1998a): Der Dreh. Überraschende Wendungen und Lösungen in der Kurzzeittherapie. Heidelberg
– (1998b): Wege der erfolgreichen Kurztherapie. Stuttgart
Watzlawick, P. et al. (1969): Menschliche Kommunikation. Stuttgart
Wessel, M. A. et al. (1954): Paroxysmal fussing in infancy, sometimes called „colic". Peadiatrics 14, 421–434
Wolke, D. (1994): Schlafprobleme und exzessives Schreien im Vorschulalter. In: Petermann, F. (Hrsg.): Verhaltenstherapie mit Kindern. Baltmannsweiler

Kinder mit Down-Syndrom: Entwicklungspsychologische Elternberatung

Von Claudine Calvet-Kruppa, Ute Ziegenhain und Bärbel Derksen

Familien, in die ein behindertes Kind geboren wird, sehen sich vor vielfältige Probleme gestellt. Oft erfahren Eltern erst bei der Geburt von der Behinderung ihres Kindes, insbesondere im Falle eines Kindes mit Down-Syndrom. Dies ist ein großer Schock, der die Eltern in eine Krise stürzen kann. Enttäuschung und Zukunftsängste erschweren es, das Kind mit seiner Behinderung zu akzeptieren (Canning 1987). Hinzu kommen die Entwicklungsbesonderheiten der Kinder mit Down-Syndrom: Sie verlangen andere Umgangsformen von den Eltern und erschweren das Eingehen auf ihre Bedürfnisse. Diese Situation belastet die Interaktion und gefährdet den Aufbau einer sicheren Beziehung mit dem Kind. Sichere Bindung aber wird als wichtige Voraussetzung späterer flexibler und kompetenter Bewältigungsstrategien und positiver Selbstentwicklung angesehen (Rutter 1990; Suess et al. 1992). Frühe und präventive Förderung der Eltern-Kind-Beziehung kann Kompetenzen fördern, um mit schwierigen Lebensumständen wie einer Behinderung besser zurechtzukommen.

1. Gründe für die Entwicklung von Interaktionsproblemen

1.1 Die Entwicklungsbesonderheiten von Kindern mit Down-Syndrom

Kinder mit Down-Syndrom entwickeln sich wegen der allgemeinen Beeinträchtigung ihrer geistigen und motorischen Entwicklung um etwa die Hälfte langsamer als gesunde Kinder. Zudem sind die Entwicklungsunterschiede breit gestreut. Entwicklungsverzögerungen machen sich in der Regel bereits mit drei Monaten, spätestens aber mit sechs Monaten bemerkbar (Rauh 1992). Säuglinge mit Down-Syndrom sind oft hypoton und zeigen verlangsamte Reaktionen. Ihre sozialen Signale wie Lächeln, Augenkontakt oder Vokalisation treten außerdem verzögert auf (Cicchetti/Sroufe 1978) und sind gleichzeitig diskret und oft schwer zu interpretieren (Rauh 1992). Diese Besonderheiten erschweren die Interaktion. Bezugspersonen neigen häufig dazu, das Kind überzustimulieren, um eine Reaktion zu erhalten. Oft werden zu viele Angebote zu schnell gemacht, auch wenn das Kind nicht aufmerksam ist, d. h. wenn es langsam reagiert und nicht aufnahmefähig ist. Das Kind ist schnell überfordert und zeigt Vermeidungsreaktionen. Die Bezugsperson ist enttäuscht und versucht entweder erneut, Kontakt mit dem Kind aufzunehmen, um eine Reaktion hervorzurufen, oder sie gibt auf, da das Kind zu langsam reagiert.

Rauh (1992) unterstreicht, daß selbst im Alter von wenigen Wochen Säuglinge mit Down-Syndrom bereits hochempfindlich auch gegen die leiseste Überforderung oder Frustration sind. Ihre Aufmerksamkeit kann sehr plötzlich zusammenbrechen oder in Ausweichverhalten münden. Damit wird gegenseitige Freude an der gemeinsamen Interaktion verhindert. Dies kann die Bindungsentwicklung gefährden und in der Folge eine positive sozial-emotionale Entwicklung des Kindes (Sroufe 1988).

1.2 Die emotionale Befindlichkeit der Eltern

Der Aufbau einer positiven Interaktion wird häufig auch durch die emotionale Belastetheit der Eltern erschwert, sich mit der Behinderung des Kindes abzufinden. Ann Murphy (1987) spricht über Gefühle der Trauer und des Verlustes, die nie vollständig verschwinden, und davon, daß sich das Vertrautwerden mit dem Baby verzögert. Dies kann sich beispielsweise in der Scheu zeigen, sich dem Baby zu nähern oder es anzufassen. Sie beschreibt auch, daß die meisten Eltern oft Wochen und Monate für diese Auseinandersetzung brauchen. Oft wird von einer schleichenden depressiven Stimmung gesprochen. Diese geht zwar im Laufe der Zeit zurück, aber sie belastet besonders die Interaktion mit dem Kind: Seine Signale werden oft nicht wahrgenommen, und das Kind ist unterfordert. Die Signale werden auch falsch interpretiert und die kleinen Entwicklungsschritte übersehen (Rauh 1992). Diese depressive Stimmung kann schließlich verhindern, daß das Kind sofort nach der Geburt mit Freude aufgenommen wird.

2. Das entwicklungspsychologische Beratungsmodell zur Förderung der Eltern-Kind-Beziehung

Das Modell präventiver entwicklungspsychologischer Beratung basiert auf der Förderung und Unterstützung der Eltern-Kind-Beziehung. Es entstand aus den Erfahrungen aus Forschungsprojekten zur sozial-emotionalen Entwicklung von gesunden Säuglingen und Kleinkindern im Rahmen der Arbeitsbereiche Entwicklungspsychologie an den Instituten für Psychologie der Freien Universität Berlin und der Universität Potsdam. Es verknüpft bindungstheoretische Kenntnisse und Befunde zur elterlichen Feinfühligkeit (Ainsworth et al. 1974) mit entwicklungspsychologischem Wissen über Bedürfnisse, Kompetenzen und Ausdrucksverhaltensweisen von Neugeborenen, Säuglingen und Kleinkindern (Als 1982; Brazelton 1984; Rauh/Ziegenhain 1994).

Das Modell ist eher auf Beratung und Unterstützung der Eltern hin orientiert. Statt spezifische Fertigkeiten beim Kind einzuüben, steht der Aufbau einer stabilen emotionalen Bindung in der frühen Kindheit im Vordergrund. Als zentral für die Entwicklung einer sicheren Bindung gilt der Einfluß der mütterlichen Feinfühligkeit. Feinfühligkeit beinhaltet, daß die Bezugsperson die Fähigkeit besitzt, die Signale ihres Kindes wahrzunehmen, sie angemessen zu interpretieren und angemessen und prompt darauf zu reagieren (Ainsworth et al. 1974). Ziel der entwicklungspsychologischen Beratung ist zum einen die Vermittlung allgemeinen entwicklungspsychologischen Wissens über das Verhaltensrepertoire, die Fähigkeiten und Bedürfnisse von Neugeborenen, Säuglingen und Kleinkindern. Zum anderen ist es Ziel, auf die individuellen Fähigkeiten des Kindes aufmerksam zu machen, d. h. seine Grenzen, in denen es sich selbst reguliert, sowie seine individuelle Weise auszudrücken, ob es zufrieden oder belastet ist. Wesentliches Ziel ist es schließlich, die Sicherheit und das Selbstgefühl der Bezugsperson zu stärken. Ein positives Selbstwertgefühl dürfte den emotionalen Zugang und das Verständnis für sich selbst verbessern und damit helfen, die „Perspektive" des eigenen Kindes zu berücksichtigen und feinfühlig mit ihm umzugehen.

Ein weiteres wichtiges Merkmal des Beratungsprozesses ist ein ressourcenorientiertes Vorgehen. Negatives mütterliches Verhalten im Umgang mit dem Kind wird grundsätzlich aus der Perspektive des Kindes und auf einer beschreibenden Ebene dargestellt, d. h. ohne bewertend zu formulieren. Zudem werden Situationen gelungenen Umgangs mit dem Säugling hervorgehoben und negativen Situationen vorangestellt. Die Beratung erfolgt videogestützt und ist eng mit der Illustration kurzer Videoausschnitte (3–5 Minuten) feinfühliger

Eltern-Kind-Interaktion verknüpft. Es spricht viel dafür, daß videounterstützte Beratung die Ebene des prozeduralen Gedächtnisses anspricht (Tulving 1985), die Ebene also, die entwicklungsmäßig frühe und generalisierte Erfahrungen speichert. Diese Gedächtnisprozesse basieren auf vorsprachlicher sensomotorischer Information und leiten vermutlich die Erfahrungen der Eltern als Säugling und Kleinkind an, die dann im Umgang mit dem eigenen Kind reaktiviert werden. Mit Hilfe von Videoaufnahmen läßt sich das eigene Verhalten sozusagen auf der prozeduralen Ebene wiedergeben, auf der es in der Gegenwart geschieht und möglicherweise aus vergangener Erfahrung reaktiviert wird.

3. Das Beratungsmodell in Familien mit Kindern mit Down-Syndrom

Das entwicklungspsychologische Modell läßt sich flexibel in unterschiedlichen Beratungssituationen anwenden. Es wurde von der ersten Autorin für die Beratung mit behinderten Kindern modifiziert und explorativ angewendet bei Familien mit Kindern mit Entwicklungsverzögerungen, Cerebralparese, Autismus und Down-Syndrom (Calvet-Kruppa 1996).

Im folgenden wird diese modifizierte entwicklungspsychologische Beratung am Beispiel von Kindern mit Down-Syndrom erläutert. Es handelt sich um Erfahrungen in der Beratung mit einem Säugling (Beratungsstelle der Universität Potsdam) und mit zwei Kindern im Vorschulalter (Forschungsprojekt zur Kommunikationsentwicklung, Freie Universität Berlin). Chronologisch waren diese letztgenannten Kinder drei und sechs Jahre alt. Um ihr Entwicklungsniveau festzustellen, wurden alle Kinder vor Beginn der Beratung mit den Bayley Scales of Infant Development getestet (Bayley 1993), zudem wurde bei den zwei älteren Kindern der Fremde-Situations-Test zur Erfassung der Bindungssicherheit durchgeführt (Ainsworth et al. 1978).

Für die Beratung waren folgende Modifikationen des Modells erforderlich: Es erwies sich als günstig, neben der Mutter systematisch die gesamte Familie in die Beratung einzubeziehen, da sehr schnell deutlich wurde, daß alle Mitglieder des familialen Systems Schwierigkeiten hatten, mit der Behinderung des Kindes umzugehen. Entsprechend der langsamen Entwicklung der Kinder wurden die Abstände zwischen den Beratungsgesprächen größer gewählt, als es bei normal entwickelten Kindern üblich ist: Die Beratung wurde einmal im Monat durchgeführt.

Inhaltlich erwiesen sich folgende Themen als besonders wichtig:

– Das Lesen der Signale der Kinder
– Die emotionale Belastetheit der Eltern
– Probleme des Grenzensetzens

Im folgenden werden die drei genannten Themen jeweils anhand von Fallbeispielen aus der Beratungspraxis mit den drei Kindern veranschaulicht.

3.1 Probleme beim Lesen der Signale der Kinder

Probleme der Eltern beim Lesen der kindlichen Signale führten zu Mißverständnissen in der Interaktion. Dies läßt sich an der folgenden Vignette verdeutlichen:

Die Mutter sitzt neben dem fünf Monate alten Kind. Dieses ist durch die ältere Schwester abgelenkt. Die Mutter bietet ihm ein Spielzeug mit einer Glocke an und versucht durch viel Lärm seine Aufmerksamkeit auf das Spielzeug zu lenken. Dazu spricht sie das Kind an. Das Kind reagiert nicht. Die

Mutter läßt das Spielzeug auf seinem Bauch tanzen. Der Säugling schaut weg. Die Mutter hält das Spielzeug nah an sein Gesicht. Der Säugling schaut es kurz an und versucht danach zu greifen. Es gelingt und er hält es ganz kurz. Dann nimmt die Mutter ein anderes Spielzeug und hält es vor sein Gesicht. Der Säugling dreht deutlich den Kopf zur Seite und starrt. Er fängt an, motorisch unruhig zu werden und rudert mit Beinen und Armen. Die Mutter versucht weiter, ihn für das Spielzeug zu interessieren. Das Kind weint.

In dieser Situation interpretierte die Mutter die Zeichen der Überforderung des Kindes offenbar mißverständlich. Das Kind äußerte seine Überforderung durch Wegschauen, Kopf zur Seite drehen, Starren. Die Mutter aber schien dieses Verhalten eher als Unaufmerksamkeit oder Desinteresse zu deuten. Interessant war, daß die Eltern beim Kind sogar Schwerhörigkeit vermuteten. Dies wurde vom Arzt nicht bestätigt.

Ziel der Beratung war, anhand der videographierten Sequenz, die Perspektive des Kindes zu erläutern und die Bedeutung seiner Signale zu interpretieren. Nach mehreren Beratungen wurde die Interaktion mit dem Kind entspannter. Die Mutter überforderte das Kind weniger und der Austausch wurde länger und deutlich angeregter.

Auch bei älteren Kindern können sich Angebote, die das Kind relativ zu seinem Entwicklungsstand überfordern, negativ auf die Eltern-Kind-Beziehung auswirken. Folgendes Beispiel mit einem der Vorschulkinder ist stellvertretend für viele Beispiele in der Beratung:

Der 6jährige puzzelt. Er schafft es nicht, das Teil einzusetzen und ist mit der Aufgabe überfordert. Nach mehreren vergeblichen Versuchen wird er unruhig. Er fängt an, alles um sich zu werfen, steht auf und knipst das Licht an und aus. Die Mutter ist wütend und bringt ihn zum Tisch zurück. Er bekommt einen Wutanfall und wirft sich auf den Boden. Das Kind kommt mit der Aufgabe nicht zurecht und äußert seine Frustration mit Ärger. Die Mutter fühlt sich offenbar provoziert und ist auch verärgert.

Ziel der Beratung war, die Eltern dafür zu sensibilisieren, daß das Kind überfordert war. Die Besprechung des entwicklungspsychologischen Tests, der am Anfang der Beratung gemacht worden war, ermöglichte es den Eltern zu erkennen, daß die Komplexität ihrer Angebote nicht dem Entwicklungsstand des Kindes entsprach. Die Eltern lernten dadurch, ohne Zwang Einfluß auf die Entwicklung zu nehmen, da sie mit entwicklungsangepaßten Angeboten die Erfahrung machten, daß ihr Kind ruhiger wurde, interessierter war und dabei eine bessere Ausdauer entwickelte. Die inadäquate Interpretation („es will nicht und will mich ärgern"), die bei Überstimulation vorkam, machte allmählich Platz für die Übernahme der Perspektive des Kindes und ein Wahrnehmen seiner Signale.

3.2 Die emotionale Belastetheit der Eltern

Mißverständnisse in der Interaktion zeigten sich auch im Zusammenhang mit der Belastetheit der Bezugspersonen. Hierzu ein anderes Beispiel:

Die Mutter beugt sich über den sechs Monate alten Säugling. Sie hält großen körperlichen Abstand. Da sie weit entfernt ist, hat sie keinen Blickkontakt mit dem Säugling. Ihr Gesichtsausdruck ist ernst bis traurig. Der Säugling macht viele Pausen. Die Interaktion wirkt, als ob sie langweilig für beide Partner wäre.

Als die Mutter nach ihren Gefühlen in dieser videographierten Sequenz gefragt wurde, berichtete sie über die Zukunftsängste, die sie plagten, und die damit verbundene Trauer über die Behinderung ihres Kindes. Obwohl die große Distanz zu dem Kind während der Interaktion und ihr trauriger Gesichtsausdruck nicht im Gespräch direkt angesprochen wurde, verringerte sich nach dem Gespräch die Distanz zwischen ihr und dem Säugling deutlich. Durch den möglich gewordenen Blickkontakt entwickelte sich zunehmend ein angeregter Austausch;

Pausen wurden seltener, und der Blickkontakt nahm zu. Der Säugling fing bald an zu vokalisieren, was die Mutter mit viel Freude bemerkte und beantwortete.

Durch die Interpretation des Verhaltens ihres Kindes per Video lernten die Eltern zunehmend die Kompetenz ihres Kindes kennen: Sie erfuhren, daß das aufmerksame Kind Interesse am Gesicht seines Gegenübers oder an Gegenständen entwickeln und aufrechterhalten konnte. Sie lernten auch, daß ein geduldiges und aufmerksames Abwarten sich lohnt, da sich der Austausch zunehmend verbesserte und die Eltern mehr Freude am Kind hatten.

3.3 Probleme des Grenzensetzens

Probleme des Grenzensetzens zeigten sich entwicklungstypisch besonders bei den älteren Kindern. Zwar waren sie chronologisch im Vorschulalter, aber entwicklungsmäßig waren sie immer noch im Trotzalter. Sie hatten auf Grund ihrer langjährigen Erfahrung mit Ausweichverhalten und Verweigerung nicht gelernt, wie sie sich emotional regulieren konnten, hatten wenig Erfolgsgefühl in der Interaktion entwickelt und waren entsprechend deutlich frustrationsempfindlich. Daher waren sie wenig bereit, auf die Erwartungen der Eltern einzugehen, und provozierten, wenn Angebote zu hohe Erwartungen an sie stellten. Die Bezugspersonen aber beharrten auf ihren Erwartungen. Sie gingen davon aus, daß sich die Kinder entsprechend ihrem Alter selbständig benehmen sollten. Dieser Konflikt machte sich in Problemen des Grenzensetzens bemerkbar. Die Problematik hatte sich um so mehr chronifiziert, weil einerseits die Bezugspersonen sich oft ärgerten, daß ihr Kind nicht gehorsam war, und andererseits aus Scham oder Angst vor der Agressivität der Kinder nicht konsequent waren und nachgaben. Die Kinder aber erwarteten allzu selbstverständlich, daß Dinge, die sie nicht bewältigten, für sie getan wurden. Dies wiederum bremste sie in ihrer Selbständigkeit.

Am Anfang der Beratung kamen die Eltern mit den Provokationen der Kinder nicht zurecht: Die Kinder kletterten zum Beispiel auf Stühle und Tische, sie warfen mit Gegenständen oder stopften sich Gegenstände in den Mund. Drohungen blieben ohne Konsequenzen. Eine Mutter berichtete, sie sei noch nicht in der Lage gewesen, Grenzen zu setzen. Bis zum Zeitpunkt der Beratung konnte sie nicht „nein" sagen, wenn ihr Kind nicht allein essen wollte und ihre Hand nahm, um sich das Essen in den Mund zu führen. Folgendes Beispiel zur Illustration:

Kind und Mutter sitzen nebeneinander am Tisch beim Essen. Das Kind nimmt die Hand der Mutter, bringt sie zu seinem Löffel und versucht, die Hand der Mutter mit dem Löffel zu seinem Mund zu führen. Die Mutter sagt, es solle alleine essen, und befreit ihre Hand. Das Kind wirft den Teller auf den Boden, klettert auf den Tisch und balanciert provozierend die Tischlampe. Nach dieser Erfahrung wird das Kind eine Zeitlang wieder von der Mutter gefüttert.

In der Beratung war es wichtig, über die Notwendigkeit zu sprechen, eine klare Struktur mit Regeln einzuführen, und gleichzeitig diese Erfahrung mit den Gefühlen der Mutter zu verbinden. Als die Mutter erkannte, daß das provozierende Verhalten des Kindes mit einer für das Kind unklaren Struktur verbunden war, konnte sie die Situation meistern. Eine wichtige Erfahrung für diese Mutter war zu erleben, daß das Kind ohne Wutanfall und Provokation Grenzen akzeptieren konnte, wenn sie ihre Forderung ruhig und konsequent durchsetzte. In der folgenden Essenssituation wollte das Kind noch einmal ihre Hand nehmen, um gefüttert zu werden. Die Mutter lehnte dies ab und das Kind warf den Teller auf den Boden. Sie sammelte ruhig das Essen auf und stellte es wieder auf den Tisch. Dabei sagte sie: „Wenn du nicht essen möchtest, ist Schluß mit dem Essen." Das Kind lachte, griff nach dem Teller und aß das erste Mal ohne Wutanfall allein. Diese wichtige Erfahrung wurde natürlich nicht auf einmal akzeptiert, und es bedurfte vieler kleiner Fortschritte, bis das Grenzensetzen beherrscht wurde.

Bei beiden Kindern hatten sich nach der entwicklungspsychologischen Beratung die Interaktionsprobleme deutlich verringert. Die Kinder provozierten nicht mehr und waren langfristig ausgeglichener geworden.

Wir haben in unserer Praxis die Erfahrung gemacht, daß sich Mißverständnisse im Lesen der Signale des Kindes mit Down-Syndrom schneller im frühen Alter auflösen lassen. Eltern werden aktiv in der Auseinandersetzung mit der Behinderung unterstützt, wenn sie auf die Kompetenzen ihres Kindes hingewiesen werden. Sie entwickeln zunehmend Spaß an der Interaktion mit dem Kind. Frühe und präventive Intervention war kurz, maximal sechs Beratungen. Das entpricht der Beratung in Familien von Kindern ohne Behinderung. Demgegenüber war die Beratungszeit bei den älteren Kindern etwa um die Hälfte länger als bei dem Säugling. Dies wurde möglicherweise dadurch bedingt, daß die Interaktionsprobleme stärker chronifiziert waren. Aber auch bei älteren Kindern minderten sich Interaktionsprobleme bzw. verschwanden, und die Beziehung stabilisierte sich deutlich. Zusammenfassend scheint frühe und präventive entwicklungspsychologische Beratung für Familien mit Down-Syndrom vielversprechend, da typische Probleme in der Beziehung abgeschwächt oder behoben werden können, bevor sie sich chronifizieren.

Literatur

Ainsworth, M. D. S.; Bell, S. M.; Stayton, D. J. (1974): Infant-mother attachment and social development: Socialization as a product of reciprocal responsiveness to signals. In: Richards, P. M. (Eds.): The integration of a child into a social world. London, 99–135
– Blehar, M. C.; Waters, E.; Wall, S. N. (1978): Patterns of attachment: A psychological study of the strange situation. Hillsdale N. J.
Als, H. (1982): Toward a synactive theory of development: promise for the assessment and support of individuality. Infant Mental Health Journal 3, 229–243
Bayley, N. (1993): Bayley scales of infant development. New York
Brazelton, T. B. (1984): Neonatal behavioral assessment scale. Philadelphia
Calvet-Kruppa, C. (1996): Videogestützte entwicklungspsychologische Intervention zur Kommunikationsförderung in Familien mit Kindern mit Down-Syndrom. Fachtagung des Projekts AAC-Beratung zu „Unterstützte Kommunikation Neue Wege zwischen Technik und Therapie". Freie Universität Berlin
Canning, C. D. (1987): Aus eigener Erfahrung als Eltern. In: Pueschel, M.; Canning, C. D.; Murphy, A.; Zausmer, E. (Hrsg.): Kinder mit Down-Syndrom. Wachsen und Lernen. Marburg/Lahn, Bundesvereinigung Lebenshilfe für geistig Behinderte, 7–10
Cicchetti, D.; Sroufe, G. A. (1978): An organizational view of affect: Illustration from a study of Down's Syndrome infants. In: Lewis, M.; Rosenblum, L. (Eds.): The development of affect. New York
Murphy, A. (1987): Ein Kind mit Down-Syndrom wird geboren. In: Pueschel, M.; Canning, C. D.; Murphy, A.; Zausmer, E. (Hrsg.): Kinder mit Down-Syndrom. Wachsen und Lernen., Marburg/Lahn, Bundesvereinigung Lebenshilfe für geistig Behinderte, 11–17
Rauh, H. (1992): Entwicklungsverläufe bei Kleinkindern mit Down-Syndrom. In: Dudenhausen, J. W. (Hrsg.): Down-Syndrom: Früherkennung und therapeutische Hilfen. Ein Leitfaden der Stiftung für das behinderte Kind zur Förderung von Vorsorge und Früherkennung. Frankfurt/M., 93–108
– Ziegenhain, U. (1994): Nonverbale Kommunikation von Befindlichkeit bei Kleinkindern. In: Wessel, K. F.; Naumann, F. (Hrsg.): Kommunikation und Humanontogenese. Berliner Studien zur Wissenschaftsphilosophie und Humanontogenetik. Bielefeld, 172–218

Rutter, M. (1990): Psychosocial resilience and protective mechanisms. In: Rolf, J.; Masten, A. S.; Cicchetti, D.; Nuechterlein, K. H.; Weintraub, S. (Eds.): Risk and protective factors in the development of psychopathology. Cambridge, 181–214

Sroufe, L. A. (1988): The role of infant-caregiver attachment in development. In: Belsky, J.; Nezworski, T. (Eds.): Clinical implications of attachment. Hillsdale, NJ, 18–40

Suess, G. J.; Grossmann, K. E.; Sroufe, A. L. (1992): Effects of infant attachment to mother and father on quality of adaptation in preschool. From dyadic to individual organization of self. International Journal of Behavioral Development 15, 43–65

Tulving, E. (1985): How many memories are there? American Psychologist 40, 385–398

Die Begleitung sehr früh geborener Kinder von der Intensivstation durch das erste Lebensjahr

Von Patricia Champion

Frühe Hilfen für frühgeborene Kinder beinhalten die beiden miteinander verbundenen Themen der „biologischen Risiken" und des „Lernens, Mensch zu sein".

Ein Theorierahmen, innerhalb dessen auch Anforderungen an das klinische Handeln formuliert werden können, muß jeweils für sich, aber auch in ihrem wechselseitigen Zusammenhang folgendes berücksichtigen:

- die klinischen/biologischen Aspekte der Frühgeburtlichkeit für das Kind und
- die Auswirkung von Frühgeburtlichkeit auf die Mutter (und zwar in ihren physischen, psychosozialen und auch ökologisch-kulturellen Perspektiven).

Für diese Gruppe von Kindern und ihre Familien soll herausgearbeitet werden, worauf sich frühe Förderung und Begleitung stützen kann. Die Hauptfrage dabei ist, wie die verschiedenen Professionellen zusammenkommen können, um sich auf die Bedürfnisse dieser gefährdeten Kinder möglichst gut zu beziehen.

Eine Reihe medizinischer, ethischer, rechtlicher, religiöser, psychosozialer und soziokultureller Fragen sind allerdings dabei noch nicht befriedigend geklärt. Sie betreffen die Entscheidung, ob ein Frühgeborenes gerettet werden soll, und auch die Frage, wie weit wir mit unseren Interventionen gehen sollen.

Claflin/Meisels (1993) haben in ihren Arbeiten zur Bedeutung von Frühgeburtlichkeit für Kinder und Familien hervorgehoben, daß die meisten Eltern den Aufwand, die seelischen Belastungen und Unsicherheiten als der Mühe wert erleben. Dies verlangt folglich von den Klinikern, daß sie verantwortungsbewußt zusammenarbeiten, früh damit beginnen und sich dabei auf ein psychologisch-biologisches Modell menschlichen Wachstums und menschlicher Entwicklung stützen.

„Frühförderung ist eine Spiegelung unseres Mitgefühls für die, die verletzlich sind, und unseres Willens, in die bestmögliche Zukunft für alle kleinen Kinder zu investieren. Als Wissenschaft wird Frühförderung getragen von unserem Wissen in der Entwicklungspsychologie und der Neurobiologie" (Shonkoff 1993).

Wenn wir bei einer bestimmten Gruppe von Kindern überzeugt sind, daß sie von Frühförderung und Frühtherapie Nutzen haben, müssen wir uns klar darüber sein, welche theoretischen und Erfahrungsmodelle unsere Überzeugung stützen. Zuallererst sind wir dem hippokratischen Wort verpflichtet, „Schaden zu vermeiden".

Ein psychobiologisches Modell menschlicher Entwicklung impliziert ein Verständnis erstens über den Zusammenhang zwischen geistigen Prozessen und der Aktivität des Gehirns (Neuro-Wissenschaften), und zweitens über die Bedingungen für Wachstum und Entwicklung bei einem Baby (und auch der Risiken und Resilienz-Faktoren).

Ein solches Modell bestimmt aber auch, wie wir aus der psycho-sozialen Forschung lernen und Gewinn ziehen können – wie etwa in der Frage: „Welche Charakteristika der frühen Pflege und der soziokulturellen Umgebung befördern und erhalten protektive Faktoren, so daß eine bestmögliche Entwicklung stattfinden kann?"

Wie also individuelles genetisches Potential jeweils zum Tragen kommt, hängt von einem vielgestaltigen dynamischen Zusammenspiel von Natur und Kultur ab.

Aus den Neurowissenschaften wissen wir (Perry et al. 1995), daß schon vor der Geburt das Gehirn durch Umweltfaktoren, sowohl interne wie externe, beeinflußt wird. Die Wirkung dieser Einflüsse ist einerseits allgemein – im Sinne der allgemeinen Entwicklung des Gehirns – wie auch spezifisch – im Sinne der verschiedenen Verknüpfungen innerhalb des Gehirns. Diese Einflüsse interagieren mit der genetischen Grundlage, die von den Genetikern immer weiter aufgeklärt wird (etwa 60% der menschlichen Gene betreffen die Entwicklung des Gehirns); im Rahmen dieser Forschungen wird auch die Frage bearbeitet, welche Gene eine Prädisposition für bestimmte Temperamentseigenschaften und folgend auch Verhaltensweisen festlegen.

Der Anthropologe Bradd Shore hat dazu in seinem Buch „Mind, Cognition, Culture and the Problem of Meaning" (1996) die These vorgelegt, daß die Evolution unsere Spezies mit einem „ökologischen Gehirn" ausgestattet habe, das lebenslang mit Informationen aus der Umgebung versorgt werden muß.

Perry et al. (1995) haben wiederholt betont, daß die Forschung uns den Schluß nahelege, statt von „states" (Zuständen) von „traits" (Qualitäten) zu sprechen. Er und seine Mitarbeiter (1995, 275) beschreiben das sich entwickelnde Gehirn als eine noch wenig differenzierte Ansammlung von neuralen Systemen, die wesentlich davon abhängen, daß sie Anstöße aus der Umgebung erhalten (wie z. B. Neurotransmitter, Zellverbindungs-Moleküle, Neurohormone, Aminosäuren, Ionen), die so aus ihren unreifen Formen in eine entsprechende Organisation übergeführt werden müssen. Ein Mangel – oder auch eine plötzliche Unterbrechung – an solchen wichtigen Anstößen kann zu Störungen der neuronalen Teilung, der Migration, der differenzierenden Synapsenbildung führen, was wiederum zu Fehlorganisationen und beeinträchtigten Funktionen der betreffenden Systeme führt.

Die Plastizität des Gehirns, also seine Fähigkeit, sich im Zusammenhang mit Erfahrungen in wesentlichen Aspekten zu verändern, eröffnet uns große Chancen, legt uns aber auch klare Verantwortung auf. Wir kennen bevorzugte Zeiten für optimale Entwicklung, üblicherweise als „Kritische Phasen" oder „Plastische Phasen" bekannt. Diese Auffassung nimmt an, daß neurologische Entwicklung daran gebunden ist, daß innerhalb bestimmbarer Zeiträume dem Gehirn bestimmte Erfahrungen zugänglich sind. Eine Störung dieser natürlichen Zeitabläufe, wie sie etwa bei Frühgeburtlichkeit stattfindet, führt dazu, daß bestimmte neuronale Verbindungen nicht richtig aufgebaut werden. Negative Erfahrungen, oder auch Fehlen geeigneter Stimulation, macht eine Desorganisation des Gehirns noch wahrscheinlicher.

Das Gehirn eines Frühgeborenen ist kürzer als normal in einer geschützten intrauterinen Umgebung gereift und ist deshalb wesentlich anfälliger für die Wirkungen des neuen „Kontextes", in dem sich die Babys wiederfinden. Diese besonders kritische und verletzliche Zeit verbringen sehr kleine Frühgeborene in der Neugeborenen-Intensivstation, die – von der Tradition her – eher darauf ausgelegt ist, für ihre medizinischen Bedürfnisse Sorge zu tragen als für ihre Entwicklungsbedürfnisse. Frühe Traumatisierung (im Sinne Perrys, 1995), verstanden als Fehlen geeigneter entwicklungsbedeutsamer Erfahrungen, führt zu anhaltender Überaktivität des Hirnstammes als Reaktion auf den Kampf ums Überleben beim Kind. Einige Komponenten dieser Angst-Reaktion, die vom Hirnstamm ausgeht (z. B. Regulation des Herzschlages, des Blutdruckes und der allgemeinen Erregung) werden dann auch selbst übermäßig sensibilisiert. So können alltägliche Belastungen, die bisher keine Reaktion ausgelöst haben, plötzlich Überreaktionen verursachen. Diese neurophysiologische Anpassungsreaktion im Sinne von Übererregung breitet sich aber aus, bleibt auch bestehen und präsentiert sich u. U. als motorische Hyperaktivität, Impulsivität, Störung in der Wahrnehmungsverarbeitung, Schwierigkeit in der Handlungsplanung, in Trägheit oder Vermeidungsverhalten.

1. Charakteristika sehr kleiner Frühgeborener

Was sind nun die bestimmenden Charakterisitika der erwähnten Gruppe, insbesondere der sehr kleinen Frühgeborenen, und welche individuellen Unterschiede bestehen bei ihnen?
Vor der modernen Neugeborenen-Intensivpflege galten Kinder unter der 28. Schwangerschaftswoche als nicht überlebensfähig. Die Fortschritte, die seit etwa 1970 in der Neugeborenenintensivpflege gemacht wurden (insbesondere die medizinischen und medikamentösen Möglichkeiten), haben dazu geführt, daß immer mehr dieser kleinen und sehr kleinen Frühgeborenen überleben. Evrard (1997) hat allerdings auch darauf hingewiesen, daß in den vergangenen 20 Jahren die Prävalenz neurologischer Schädigungen bezogen auf die Geburtenrate in einigen Regionen der westlichen Welt dramatisch zugenommen habe. In der europäischen Union haben einige Regierungen deshalb die Zusammenhänge zwischen Frühgeburtlichkeit und neurologischer Schädigung und der Rolle der Perinatalmedizin speziell untersuchen lassen, wie beispielsweise in Belgien durch das „Office de la Naissance et de l'Enfance".

Grob zusammengefaßt haben die Studien zur Frühgeburtlichkeit zeigen können, daß, je kleiner die Kinder sind, desto schwerwiegender die Beeinträchtigungen werden (Minde 1993).

Die Studie von Nurcombe (1998) an der Universität von Vermont identifizierte in einer Nachuntersuchung nach 9 Jahren für die Frühgeborenen folgende bio-sozialen Problembereiche:

- physische Schwierigkeiten, einschließlich neuro-motorischer Entwicklung,
- Sensomotorik,
- Wahrnehmungsverarbeitung,
- Emotion und Haltung,
- Selbstregulation,
- Streßverarbeitung
- Sozialkompetenz und
- Nahrungsaufnahme.

Als kleine und sehr kleine Frühgeborene gelten Kinder unter 1000 g Geburtsgewicht und unter 32 Wochen Tragzeit. Manche dieser Kinder wiegen nur 500 g und werden in der 23. oder 24. Schwangerschaftswoche geboren. Sie heißen in den USA „micropremies".

Untersuchungen zufolge überleben von den Frühgeborenen zwischen 500 g und 750 g mehr als 25 %, mehr als 50 % von den Kindern zwischen 751 g und 1000 g, und 90 % der Kinder zwischen 1001 g und 1500 g (Minde 1993). Die meisten bleiben für Wochen oder Monate in der Klinik, und viele Kinder, besonders die sehr kleinen, durchleben in dieser Zeit lebensbedrohliche Krisen.

In einer anderen Gruppe von Studien, die sich als „prozeßorientiert" bezeichnen lassen (Rutter 1989; Sameroff/Chandler 1975; Stern 1985; Greenspan 1997), wurden Frühgeborene (meist retrospektiv) untersucht, um herauszubekommen, in welcher Weise Ereignisse und Prozesse zu Beeinträchtigungen psychosozialer Anpassung führen können. Um diese komplizierten und komplexen Interaktionen zwischen dem Kind und seiner Bezugsperson zu verstehen und zu beschreiben, wurde ein „transaktionales" Modell benutzt, das zuerst von Sameroff und Chandler (1975) vorgestellt wurde. Sie betrachteten die Entwicklung von Kindern, auch von Frühgeborenen, als ein Ergebnis biologischer Verletzbarkeit des Kindes selbst in Verbindung mit den meist spezifischen sozialen Gegebenheiten der Situation und der Begrenztheit der Möglichkeiten angemessener Versorgung.

Risiken aus dem sozialen Kontext, die häufig als kumulativ anzusehen sind, umfassen (in der Reihenfolge ihrer Bedeutsamkeit):

- sehr frühe Mutterschaft,
- niedrigen sozio-ökonomischen Status,
- Armut,
- häufige Aufenthalte in Kliniken,
- geringe soziale Unterstützung,
- mütterliche Depression und psychiatrisch signifikante Krankheiten,
- instabile Lebensumstände und
- Mehrlingsgeburten.

Die beobachtbaren Eigenschaften dieser Gruppe von Kindern sind:

- instabile homöostatische Mechanismen (Kreislauf: Die Kinder sehen gerötet und ungesund aus; Atmung: häufige Atemstillstände; Körpertemperatur: instabil),
- unreife Regulation der Motorik,
- unreife Selbstregulation,
- wenig Energie oder Kompetenz für „menschliches" Verhalten.

2. Der Beitrag von Müttern, Vätern und Familien zur Entwicklung Frühgeborener

Für ein Frühgeborenes beginnt das Leben mit einem Bombardement von Reizen und Erfahrungen, die für das Baby eine gewaltige sensorische Überlastung bedeuten; dies wiederum steht in krassem Gegensatz zu den Bedürfnissen und Erwartungen ihres Nervensystems und der Organisation ihres Gehirns, insbesondere der frontalen Regionen (Harman/Fox 1997).

Der Beitrag der Mutter, des Vaters und der gesamten familiären Kultur zum Leben des frühgeborenen Kindes hat nach meiner Auffassung einen kausalen Effekt, jedenfalls nach allem, was wir wissen über die erfahrungsabhängige Organisation des kindlichen Gehirns und über die Rolle der Bezugsperson, die für das Frühgeborene die Erfahrung eines „signifikant Anderen" beinhaltet.

Für diesen Beitrag von Müttern, Vätern und familiären Kontexten möchte ich folgende 11 Thesen formulieren:

1. Frühgeburtlichkeit ist eine signifikante Unterbrechung des erwarteten Ablaufs „Ich bekomme ein Kind".

2. Sehr kleine Frühgeborene werden oftmals im 2. Drittel einer Schwangerschaft geboren, oftmals noch ehe das intrauterine Leben des Kindes von der Mutter gut wahrgenommen werden konnte.

3. Die Arbeiten von Ammaniti (beschrieben von Klaus Minde 1993) machen uns auf die Phantasien von Frauen im 2. Drittel der Schwangerschaft aufmerksam. Zu diesen Phantasien gehört eine sehr deutliche Vorstellung von einem normal großen Kind mit erkennbaren Merkmalen seiner familiären Herkunft. Durch die frühe Geburt unterscheidet es sich deutlich von diesen Phantasien, die in dieser Schwangerschaftsperiode vorhanden sind. (Man geht davon aus, daß die Schwangerschaftsphantasien zwischen dem 7. und 9. Monat, also im letzten Drittel der Schwangerschaft, weniger diskrepant sind, sozusagen als Weg der Natur, die Mutter vorzubereiten auf eine realistische Position zwischen dem realen und dem phantasierten Kind.)

4. Die Geburt selbst ist voraussehbar geprägt von Angst und Streß und kommt oft plötzlich und unerwartet. Der Kontext und die Erfahrung der Geburt hat dabei große Bedeutung für das künftige Wohlergehen der Mutter. Vielfach stehen die Bedürfnisse des Kindes so sehr im Vordergrund, daß das Bedürfnis der Mutter, von beispielsweise einem überraschend notwendigen Kaiserschnitt, von einem langen und schmerzlichen Geburtsvorgang oder von physischer Erschöpfung nach einer Frühgeburt sich zu erholen und „wiederhergestellt" zu werden, völlig in den Hintergrund geraten.

5. Mütter (und Väter) kommen selten zur Ruhe, können die Geburtserfahrung selten gut verarbeiten, weil drängend und vorrangig die Aufmerksamkeit auf das Überleben des Kindes und die begleitenden medizinischen Maßnahmen gerichtet ist – statt dessen ist drohende Trauer oft das beherrschende Thema.

6. Die vertrauten sozialen Rituale des Rollenübergangs von „Schwangerer" zu „(junger) Mutter" werden unterbrochen, können oftmals gar nicht in Funktion treten. Die Familie und die Freunde „warten ab", ob das Baby überlebt, ehe sie es besuchen oder die Geburt zur Kenntnis nehmen. Das Fehlen von kulturellen Verhaltensmustern wird Teil der drohenden Trauer der Eltern.

7. Stern (1985) vermutet, daß eine frühe Geburt signifikante Unterbrechungen der biologisch fundierten Mutterschaftsrolle mit sich bringt. Das Schema, „mit dem signifikant Anderen zusammenzusein", wird sowohl physisch (das Neugeborene ist im Inkubator von Maschinen umgeben) wie auch psychisch unterbrochen (das Neugeborene nimmt nicht sofort seinen Platz als Person, als Sohn/Tochter, Enkel, Geschwister ein). Stern betont, daß solche Person-Rollen-Zuschreibungen ja auf Erfahrungen beruhen, nicht so sehr auf Abstraktionen und Konzepten. Bei einer normalen Geburt und Entwicklung macht ein Baby seine ersten sensorischen und physiologischen Erfahrungen in einem Kontext, die diesen auch eine emotionale Bedeutung geben. Frühgeborene erfahren ihre Welt zunächst, und möglicherweise auch für längere Zeit, als getrennt und abgeschnitten von den wichtigen emotional-sensorischen Pfaden, die die Struktur des Gehirns in der normalen kindlichen Entwicklung regulieren, mitregulieren und formen (Greenspan 1997).

8. Selma Fraibergs (1975) Konzept von den „Gespenstern im Kinderzimmer" ist von großer Bedeutung für die mütterlichen und väterlichen Repräsentationen des Kindes, sowohl die bewußten wie für die unbewußten. Frühe Erfahrungen von Verlust, Verletzung, Mißbrauch und Gewalt färben die Welt des Neugeborenen über die Gefühle seiner Bezugspersonen, ihre Verhaltensweisen und Deutungen.

9. Für Mütter von Frühgeborenen besteht offenbar ein größeres Risiko für nachgeburtliche Depressionen; sie werden in ihren frühen Ausprägungen aber oft übersehen. Depressionen können sich in vielerlei Gestalt ankündigen und können für die Bindung des Neugeborenen signifikante Auswirkungen haben.

10. Väter und Vater-Sein unterscheiden sich in der Interaktion qualitativ von Müttern und Mutter-Sein (Pruett 1991; Yogman et al. 1995). Vaterschaft ist typischerweise stimulierend, kraftvoll, anregend und dynamisch. Wenn diese Verhaltensweisen nicht gelenkt und abgestimmt werden, sind sie eher ungeeignet gegenüber Frühgeborenen, die sowieso schon desorganisiert sind.

11. Studien haben gezeigt, daß die Beteiligung von Vätern in der Neugeborenen-Intensivpflege positive Wirkungen hat (Levy-Schiff et al. 1989; Levy-Schiff et al. 1990). Eine solche Beteiligung scheint als protektiver Faktor vor allem bei armen, benachteiligten und belasteten Familien zu wirken. Die Vermutung liegt nahe, daß bessere Unterstützung (etwa für die Mütter) „Streß abmildert und Resilienz zur Wirkung kommen läßt" (Sameroff/Chandler 1975).

Jede beteiligte Person, die Mutter, der Vater und das Kind, bringt also eine besondere Ausstattung von Empfindsamkeiten und individuellen Merkmalen mit. Unter 24-Wochen-Kindern wird es biologisch keine zwei gleichen geben, noch werden sie in gleiche Kontexte gegenwärtiger und künftiger Chancen und Risiken hineingeboren.

Andererseits wird jede Kultur und jede soziale Gruppe notwendigerweise ihre je eigenen Angebote entwickeln, die sich auf die Bedürfnisse dieser Gruppe von Kindern beziehen. Was an Erkenntnissen in den letzten Jahrzehnten zusammengetragen wurde, deutet immer wieder darauf hin, daß es klug ist, Prävention und frühe Hilfen weiterzuentwickeln (Rima Shore 1997). Speziell für frühgeborene Kinder ist es möglich, Beeinträchtigungen zu minimieren, und sekundäre Behinderungen zu vermeiden.

3. Leitlinien für professionelle Hilfen

Im folgenden will ich verdeutlichen, was nach meiner Auffassung zu einer ganzheitlichen, multidisziplinären und familienorientierten Hilfe für die kindliche Entwicklung gehört, wenn das Kind sehr früh geboren wurde.

1. Der Umgang mit dem Kind auf der Neugeborenen-Intensiv-Station sollte an dem Entwicklungsmodell ausgerichtet sein, das Heidelise Als und andere (1994) erarbeitet haben. Zu diesem Modell gehört entwicklungsunterstützende Sorge für die unreifen sensorischen und motorischen Systeme des Neugeborenen; Grundlage dafür ist die sorgfältige Beobachtung der besonderen Charakteristika und Muster des Kindes. Bei diesem Prozeß spielen die Eltern eine grundlegende Rolle; bei der Pflege wird hervorgehoben, das Kind als „Subjekt", nicht als „Objekt" der Fürsorge zu betrachten. Bei Frühgeborenen, die in dieser Weise behandelt wurden, ließen sich verbesserte Hirnfunktionen nachweisen, besonders in den Frontallappen, die für Planung, Regulation, Aufmerksamkeit und Organisation eine wichtige Rolle spielen.

2. Es muß darauf geachtet werden, daß in den ersten Wochen die Interventionen zeitlich geeignet geplant werden. Interventionen, die die Zustandskontrolle und die Homöostase verbessern und die das Kind beruhigen und entlasten (wie u. a. das „Känguruhen"), sind mit besserer Entwicklung verbunden.

3. Beachtung verdienen auch die unangenehmen Erfahrungen (wie etwa Schmerzreize) in bezug auf die unausgereifte Physiologie des Frühgeborenen. Umstände, die Schmerzen verursachen, wie z.B. der gastro-oesophageale Reflux, müssen kontrolliert werden, um Desorganisation und Angst bei den Kindern und auch etwaige spätere Störungen in der Nahrungsaufnahme zu vermeiden.

4. Jede Intervention muß darauf bedacht sein, dem Kind ein „Gerüst", also strukturierende Hilfen anzubieten, um Desorganisation zu vermeiden, die durch sensorische Überlastung, schmerzvolle Prozeduren, Füttern (sei es mit oder ohne Sonde) und Saugen und durch menschliche Interaktionen entstehen kann.

5. Therapeutische Maßnahmen, die weitergeführt werden, wenn das Kind die Neugeborenen-Intensivstation verläßt, sollten auf eine spätere Umgebung achten, die reizkontrolliert ist und in der die Mutter-Kind-Bindung als wesentliches Entwicklungsthema präsent ist. Eltern sollten vor allem beteiligt werden an der Beobachtung der motorischen Fähigkeiten des Kindes, seiner Selbstregulation, seinen sozialen Interaktionen, und sie sollten darin unterstützt werden, die Einzigartigkeit ihres Kindes wahrzunehmen, seine Signale zu lesen, und sich an ihm und mit ihm zu freuen.

6. Wenn die Mutter depressiv ist, sollte der Schwerpunkt des Bemühens darin liegen, ihr das Baby nahezubringen, nonverbale Angebote wie Berührung, Geruch, Bewegung und die

Hilfe von Musik zu erleben. Mütter von Frühgeborenen wollen gehört und verstanden werden. Sie müssen gesagt bekommen, wie schwer es ist, Mutter eines Frühgeborenen zu sein, und wie wenig Signale ihnen ihr Kind unter Umständen auch gibt. Hilfreiche und therapeutische wirkungsvolle Beziehungen kommen oftmals dann zustande, wenn man zunächst auf das Weinen der Mütter und dann erst auf das Weinen ihres Kindes hört. Möglicherweise müssen die Mütter zunächst „gehört und gehalten" werden, so daß ihre Erfahrungen aufgenommen sind, ehe sie frei sind, ihr Kind „zu halten und in sich aufzunehmen". In therapeutischen Bündnissen ist es wichtig, mit den Eltern, besonders den Müttern, die Erfahrung zu besprechen und zu bearbeiten, ein verletzliches, von medizinischer Hilfe abhängiges Kind zu haben. Untersuchungen (Zerling et al. 1988) haben gezeigt, daß es sozusagen eine „kritische Masse" gibt, die vorhanden sein muß, damit Mütter Treffen in einer Frühgeborenen-Mütter-Gruppe als therapeutisch hilfreich erleben, und ab wann solche Gruppen nur die Ängste und Versagensgefühle schüren. In unseren Gruppen (die nach unserer Erfahrung 4–6 Mütter umfassen) sprechen die Mütter jeweils über ihre schlimmste Erfahrung auf der Neugeborenen-Intensivstation. Wir denken, daß ein solcher Prozeß hilfreich ist, um Angst-Projektionen vom Kind fernzuhalten.

7. Stanley Greenspans Arbeiten (1997) an der George-Washington-Universität haben herausgearbeitet, wie wichtig es für den Bindungsprozeß ist, daß die Mütter ihr Kind „im Kopf präsent" halten können. Frühgeborene im Inkubator geben einer Mutter schwerlich eine innere Vorstellung ihrer selbst als Mutter, so wie sie normalerweise mit Kindern erfahren werden kann (durch Körperhaltungen, Hautkontakte, Gerüche und Geschmacksempfindungen etc.). Neuere Forschungen der Harvard-Gruppe („Process of Change Study Group", Boston/Mass. 1998) haben dies als „implizites Beziehungswissen" aufgefaßt und beschrieben, daß es aus den „Momenten der Begegnung" zwischen einem Kind und seiner Bezugsperson vom ersten Tag an entsteht. Als ein zentrales Konstrukt menschlichen Lernens aufgefaßt beschreibt es intuitiv abgestimmte Besonderheiten, in denen jeder Partner die gegenseitigen Abstimmungen und neuen Formen des Gleichgewichts mitgestaltet. Neue neuronale Wege bilden sich heraus, wenn das Kind die nonverbale Sprache des „mit dem anderen zusammen Sein" lernt. Ed Tronick hat das, in einer Umdeutung von *Descartes'* Wort, so ausgedrückt: „Ich interagiere, also bin ich" (1998, 296).

8. Wichtig ist es schließlich, die Rhythmen und Aufmerksamkeitszustände der Kinder zu berücksichtigen, und mit den Familien Mittel und Wege zu erarbeiten, ihr Kind zu stabilisieren und seine häufigen Zustände von Desorganisation und Irritation regulieren zu helfen.

Unsere Institution hat für diese Gruppe der Frühgeborenen und deren Eltern einige Angebote im oben beschriebenen Sinne entwickelt:

Erstens wird der Kontakt zu Kind und Eltern schon hergestellt, bevor sie aus der Neugeborenen-Intensivstation entlassen werden. Dieser Kontakt kann Hinweise beinhalten, wie das Kind hilfreiche Erfahrungen machen kann beim Füttern, Lagern und beim Umgehen mit sensorischen Reizen. Die Eltern erhalten außerdem detaillierte medizinische Informationen über den physischen Zustand des Kindes, über die Neugeborenenzeit und über die Maßnahmen, die ergriffen wurden. Neben der Überprüfung des Entwicklungsstandes des Kindes liegt ein Schwergewicht auf der Zusammenarbeit mit den Eltern, um den Übergang von der Klinik in die häusliche Umgebung auch psychologisch sicher und unterstützend zu gestalten, und dann auch den Übergang in die Frühförderung zu erleichtern.

Zweitens werden nach der Entlassung den Eltern und ihren Kindern wöchentliche Angebote gemacht, üblicherweise in unserem Zentrum. Anfänglich werden die Kinder einzeln von zwei Fachpersonen angeschaut (einer einschlägig ausgebildeten Physiotherapeutin und einer Entwicklungstherapeutin); nach einigen Wochen können auch jeweils zwei Familien gemeinsam eingeladen sein. In diesen Therapiesitzungen geht es dem Inhalt nach vor allem um die Entwicklungsbedürfnisse der Kinder (ihre Stärken und Schwächen) mit dem Ziel, das „emotionale Baby" kennenzulernen; es geht aber auch um den Umgang mit dem „physischen Baby". Die therapeutischen Angebote umfassen in der Regel Techniken des „handlings", die Gestaltung der Interaktion und Themen, die die Bindung betreffen. Den Familien wird gezeigt, wie sie den physischen, emotionalen, sensorischen und kommunikativen Ausdrucksmöglichkeiten ihres Kindes strukturierenden Halt geben und dadurch „Momente der Begegnung" herstellen können mit ihrem Frühgeborenen, das besondere Entwicklungsbedürfnisse hat. Wichtig ist auch die Einführung in Techniken, die sowohl das Kind wie auch die Bezugsperson entspannen und beruhigen (z. B. Klänge, Berührungen, Geschmack, Bewegung).

Wie schon Stern (1998) ausgeführt hat, sind diese „Momente der Begegnung" Schlüsselelemente für Veränderungen im impliziten Wissen (im Gegensatz zu Veränderungen im expliziten Wissen). Während dieser „Momente der Begegnung" regulieren sich Mutter und Kind wechselseitig, wenn beide jeweils auf dem geeigneten Entwicklungsniveau strukturierenden Halt haben, der die biologischen Herausforderungen auf seiten des Kindes und die Verletzlichkeiten auf seiten der Bezugsperson berücksichtigt. Unter diesen Bedingungen entstehen Gelegenheiten für eine komplexere Organisation des Gehirns, und Potentiale werden aktualisiert. Mit unseren Augen, unserem Gesicht, unserem Körper, unseren Lauten und unserem Schweigen lernen wir als erstes, unsere inneren Zustände mitzuteilen, die Gefühle anderer Leute wahrzunehmen und unsere Innenwelten miteinander zu teilen (Maggie Scarff in „Intimate Worlds").

Wenn wir der Auffassung sind, daß die Entwicklung des Kindes seinem (korrigierten) Alter entsprechend verläuft, sehen wir Kinder und Eltern seltener. Ein multidisziplinäres Team begleitet sie und überprüft die Entwicklung mit 4, 8, 12, 18, 24, 30, 36, 42, 48, 54 und 60 Monaten. Kinder, bei denen Besorgnisse über ihre Entwicklung während des ersten Lebensjahres bestehen bleiben, besuchen weiterhin wöchentlich die Einrichtung.

Abschließend sei festgehalten, daß die frühen Erfahrungen eines Kindes in der Tat die Plattform sind, auf der sie die Erfahrung ihrer selbst gründen und von der aus auch ihre folgenden Verhaltensweisen organisiert werden. Um Winnicott (1975) abzuwandeln: Es gibt nie nur ein Baby; es gibt immer nur ein Baby und jemand anderen.

Literatur

Als, H.; Lawhon, G.; Duffy, F. H. et al. (1994): Individualized developmental care for the very low birth-wight preterm infant: Medical and neurofunctional effects. J. of Am. Medical Association 272, 853–858

Claflin, C. J.; Meisels, S. J. (1993): Assessment of the impact of very low birth weight infants on families. In: Anastasion, J.; Harel, S. (eds.): At risk infants. Baltimore, 57–80

Evrard, P. (1997): Editorial. Devel. Medicine and Child Neurology 39, 717

Fraiberg, S.; Adelson, E; Shapiro, V. (1975): Ghosts in the nursery: A psychoanalytic approach to the problems of impaired infant-mother relationships. J. Am. Academy of Child Psychiatriy 14, 387–421

Greenspan, S. J. (1997): The growth of the mind. Reading MA

Harman, C.; Fox, N. (1997): Frontal and attentional mechanisms regulating distress, experience and expression during infancy. In: Krasnegor, N.; Reid, G.; Goldman-Rakic, P. (eds.): Development of the prefrontal cortex. Baltimore, 191–220

Levy-Schiff, R.; Ahrir, H.; Moglinir, M. B. (1989): Mother-and-father-preterm infant relationship in the hospital preterm nursery. Child Development 60, 93–102
- Hoffman, M. A.; Moliner, S.; Levinger, S.; Moglinir, M. B. (1990): Father's hospital visits to their preterm infants as a predictor of father-infant relationship and infant development. Pediatrics 86, 289–293
Minde, K. (1993): Prematurity and serious medical illness in infancy: Implications for development and intervention. In: Zeanah, C. (ed.): Handbook of infant mental health. New York, 87–105
Nurcombe, B. (1998): An intervention programme for the mothers of low-birthweight babies – a nine year follow up. Paper presented at the 5th annual meeting. The Australian Association for Infant Mental Health. Sydney
Perry, P. D.; Pollard, R. A.; Blakley, T. L.; Baker, W. L.; Vigilantr, D. (1995): Childhood trauma, the neurobiology of adaptation and „use-dependent" development of the brain. How „states" become „traits". Infant Mental Health J. 259 (4), 271–291
Process of Change Study Group (1998): Interventions that effect change in psychotherapy: A model based on infant research. Infant Mental Health J. (Special issue), 19 (3)
Pruett, K. (1991): Consequences of primary paternal care, fathers and babies in the first six years. In: Greenspan, S.; Pollock, G. (eds.): The course of life III. Madison CT, 73–94
Rutter, M. (1989): Psychological sequelae of brain damage in children. Am. J. of Psychiatry 138, 1533–1544
Sameroff, A.; Chandler, M. (1975): Reproductive risk and the continuum of caretaking casualty. In: Horowitz, F.; Hetherington, E.; Scarn-Salapatek, S.; Siegal, G. (eds.): Review of child development research 4. Chicago, 187–244
Scarff, M. (1995): Intimate worlds. New York
Shonkoff, J. (1993): Developmental Vulnerability. In: Anastasion, J.; Harel, S. (eds.): At risk infants. Baltimore
Shore, B. (1996): Culture in mind, cognition, culture and the problem of meaning. New York
Shore, R. (1997): Rethinking the brain – new insights into early development. New York
Stern, D. (1985): The interpersonal world of the infant. New York
- The process of therapeutic change involving implicit knowledge: some implications of developmental observations for adult psychotherapy. Infant Mental Health Journal 1998; 19 (3), 300–308
Tronick, E. Z.: Interventions that effect change in psychotherapy: A model based in infant research. Infant Mental Health Journal 1998; 19 (3), 277–299
Winnicott, D. W. (1975): Mother and child: A primer of the first relationship. New York
Yogman, M. W. (1987): Father-infant caregiving and play with preterm and fullterm infants. In: Berman, P.; Pedersen, F. (eds.): Men's transitions to parenthood. Hillsdale NJ
- Kindlon, D.; Earls, F. (1995): Father involvement and cognitive – behavioral outcomes of preterm infants. J. of the Academy of Child and Adolescent Psychiatry 34, 58–66
Zarling, C.; Hirsch, B.; Candrey, S. (1988): Maternal social networks and mother-infant interactions in full term and low birth-weight infants. Child Development 59, 178–185

Übersetzt aus dem Englischen von Martin Thurmair und Jürgen Kühl.

Sachregister

Adaptation 54
- psychosoziale 89
Affektabstimmung 25
Alltagsorientierung 18, 27, 33, 58, 59–60
Ammensprache 63
Ausnahmefragen 75
Austauschprozesse 12, 13, 37, 38, 65
„Außenwelt" 13
Autonomie 11, 15, 17
Autopoiese 13, 33

Bedeutungsbildung 10, 14, 20
Beeinträchtigung 11, 15
- Frühgeborene 89
Behandlungssequenz 42, 43
Behandlungstechniken 46
Belastung 66
- emotionale 83
Beobachtung 75
Beratung 72, 75, 77–78
- Eltern 80
- entwicklungspsychologische 81–85
Beweglichkeit 12, 21
Bewegung 37
- Analyse 42, 43
- Handeln 40, 41, 46
- Muster 50
- Therapie 35, 38
Bewegungsstörung
- cerebrale 49, 52, 82
Beziehungen 13, 14, 20, 22, 23, 54, 66
- gelebte 8, 15
- Eltern–Kind 70, 73
Beziehungsdynamik 16
Bindung
- Forschung 62
- Entwicklung 80
- Frühgeborene 93
- Muster 66
- Mutter–Kind 92
Bobath-Therapeutin 8, 35, 38
Bobath-Konzept 33, 40, 44, 52

Copingfragen 74

„Defizitdiagnose" 11, 32
Diade 64

Diagnose 11, 12, 17, 27
Dialog 7, 10, 18, 23, 24, 64
- Abbrüche 9, 67
- Bereitschaft 63
- Beziehungsgefüge 9
- Partner 26–27
- Mutter–Kind 63, 67
- Störungen 9, 66
Down-Syndrom 9, 67, 80–85

Eigenzeit 26
Emotionen 15
- Frühgeborene 89
Entwicklung 10, 14, 20, 35, 56
- Bedingungen 18
- Variabilität 36–37
Entwicklungsmodelle 8, 32–33, 49, 54–56
- endogenistisches 50–52
- interaktionistisches 52–54
Entwicklung
- neuromotorische 89
- Niveau 14, 93
Entwicklungsneurologie 56
Entwicklungsverzögerung 67, 80
Erkenntnistheorie 16
Essen und Trinken 9, 48–60

Feinfühligkeit 81
Formatio reticulars 14
Fragilität
- körperliche 9
Frühförderung 11, 18–19, 25–26, 38, 56, 68, 87
- Frühgeborene 92–93
Frühgeborene 9, 87–95
Funktion 16, 52, 53, 55

Gehirn
- Desorganisation 88, 92
- ökologisches 88
- Plastizität 88
Genetik 88
Gleichgewicht
- labiles 12
- dynamisches 21
Grenzensetzen 84

Handeln
- kooperatives 8
- therapeutisches 8
„Handling" 94

Handlung
- Analyse 40, 44
- Fähigkeit 11, 47
- Orientierung 8, 40, 44–47, 56–58
- Pläne 23, 46
„Handwerkszeug" 7
„Holding Function" 64
Homöostase
- Frühgeborene 92

Integration 11
Interaktion 52, 62–68, 70
- Eltern–Kind 76
- Partner 62
- Mißverständnisse 82
- Probleme 80, 85
- Störung 65
Interdisziplinarität 10
Invariabilität 55

Kommunikation 14, 15, 70
- Gefährdung 73
- symbolische 15
- Störung 72
Kompetenz 16, 22, 54, 62, 78
- Transfer 38
Konsensualität 14
Konstruktivismus 15–16, 20
Kontaktfähigkeit
- zwischenmenschliche 8
Kooperation 22, 45
Kultur 18, 21, 37, 48, 58, 87, 91
- matristische 15
Kurzzeittherapie 9, 70–79

Limbisches System 14

Meilensteine 50, 51
Menschenbild 33
„Micropremies" 89
Mißhandlung 71

Nahrungsaufnahme 48, 89
Nervensystem 12
Neugeborenenintensivstation 88, 91, 92
Neurotransmitter 12, 88
Neuropädiatrie 56
Neurowissenschaften 88

Organisation 13, 88

Sachregister

Pädagogik 35, 38
– kooperative 40, 44, 60
Pathologie 16, 55
Perioden
– kritische oder sensible 51, 53
Physiotherapie 38, 94
Placebo-Effekt 33
Professionalität 7, 92
– Selbstverständnis 10

Regulationsstörungen 68, 72
Reifungsprozesse 53
Reizbarkeit 12, 21
Resilienzfaktoren 87, 91
Reziprozität 64
Risiken
– biologische 87
– soziale 90
Rhythmus 22, 24, 64, 93

Säuglingsforschung
– neue 23–25, 62, 70
Saugen 50, 57, 58
Schädigung
– Dialogstörungen 65–67
Schreien 71
Schwangerschaft 90, 91

Selbständigkeit 53
Selbsterfahrung 22
Selbstorganisation 10
Selbstregulation 14, 71, 78, 89
Skalierungsfragen 74
Sozialgesetzbuch 29
Sozialisation 65
Sozialkompetenz 89
Sozialpädiatrie 10
„Störung" 18
Störungsbegriff 50
Struktur 21–22
– Determiniertheit 18
– Kopplung 21, 24
– Veränderungen 13, 15
Subjektspezifität 10
Symbolbildung 7
Systemogenese 14

Tätigkeit 16
Team 94
– „Reflecting Team" 78
Testverfahren 82
Therapie 29–34, 72
– Familientherapie 74
– Frühgeborene 94
– Gefahren 31

– handlungsorientierte 45–47
– Methoden 11, 31
– „Oral-Motor-Treatment" 51
– Vielfalt 30, 31, 72
– Zufriedenheit 33, 34
Trauma 68

Überstimulation 65, 80
Übungssitzungen 77
Umwelt
– soziale 52
Unterstimulierung 65, 81

Variabilität 36–37, 55
Verhalten
– Bereitschaften 70
– Regulation 71–72
Videounterstützung 76, 81–82
Vulnerabilität
– biologische 9, 89

Wahrnehmung 23, 37, 62, 89
Wirklichkeit
– subjektive 8, 13, 17, 24
Wunderfragen 75

Zielfragen 75

Verzeichnis der Autorinnen und Autoren

Dipl.-Päd. Renate Brandt
Fachhochschule Ostfriesland
Fachbereich Sozialwesen
Constantiaplatz 4
26723 Emden

Dipl.-Psych. Claudine Calvet-Kruppa
Universität Potsdam
Institut für Psychologie
Arbeitsbereich Entwicklungs-Psychologie
Postfach 60 15 53
14415 Potsdam

Dr. Patricia Champion, MBE, PhD
The Champion Centre
Private Bag 4708
Burwood Hospital
Christchurch/New Zealand

Dipl.-Psych. Bärbel Derksen
Universität Potsdam
Institut für Psychologie
Arbeitsbereich Entwicklungs-Psychologie
Postfach 60 15 53
14415 Potsdam

Dr. phil. Mauri Fries
Universität Leipzig
Institut für Entwicklungs-Psychologie
Beratung für Eltern mit Babys
Seeburgstr. 14–20
04103 Leipzig

Prof. Dr. med. Rainer Hoehne
Fachhochschule Nordostniedersachsen
Fachbereich Sozialwesen
Mustermannskamp 1
21335 Lüneburg

Prof. Dr. med. Jürgen Kühl
Fachhochschule Ostfriesland
Fachbereich Sozialwesen
Constantiaplatz 4
26723 Emden

Dipl.-Päd. Gisela Ritter,
Physiotherapeutin,
Bobath-Lehrtherapeutin
Kölner Landstr. 6 a
53332 Bornheim-Widdig

Prof. Dr. phil. Heike C. Schnoor
Universität Marburg
Institut für Heil- und Sonderpädagogik
Schwanallee 50
35032 Marburg

Hille Viebrock,
Leitende Physiotherapeutin
Landesverband Evangelischer
Tageseinrichtungen für Kinder
Slevogtstr. 52
28209 Bremen

Prof. Dr. Alfons Welling
Universität Hamburg
Sedanstr. 19
20146 Hamburg

Dr. phil. Ute Ziegenhain
Universität Potsdam
Institut für Psychologie
Arbeitsbereich Entwicklungs-Psychologie
Postfach 60 15 53
14415 Potsdam

Frühförderung interdisziplinär

Zeitschrift für Praxis und Theorie der frühen Hilfe für behinderte und entwicklungsauffällige Kinder

Organ der Vereinigung für Interdisziplinäre Frühförderung e.V.
Herausgegeben von
Prof. Dr. phil. Otto Speck (München) und Prof. Dr. med. Gerhard Neuhäuser (Gießen)
Die Zeitschrift erscheint viermal jährlich. Jahrgangs-Umfang ca. 200 Seiten.

Frühförderung interdisziplinär begleitet und akzentuiert die fachliche Weiterentwicklung und den interdisziplinären Austausch in der Frühförderung seit nunmehr 18 Jahren. Die Darstellung wissenschaftlicher Grundlagen der Frühförderung, programmatische und konzeptionelle Positionen, Überblicke über Entwicklungen in einzelnen Fachdisziplinen und Themenhefte zu wichtigen Fragestellungen gehören ebenso zu ihrem Spektrum wie Praxisberichte und Informationen über Methoden und Modelle.

Themenbeispiele:

- Belastung von Eltern frühgeborener Babys nach der Entlassung aus der stationären Pflege
- Konduktive Förderung unter pädagogischem Aspekt
- Sehfrühförderung blinder und sehgeschädigter Kinder
- Diagnostik und Therapie der Enuresis und Enkopresis bei intelligenten und geistig behinderten Kindern
- Kommunikationsentwicklung bei Kindern mit Down-Syndrom
- Problemkinder im Kindergarten – ein neues Aufgabenfeld für die Frühförderung
- Vom Kulturschock zum Behinderungsschock. Beratung in der Frühförderung mit ausländischen Eltern
- Der „Little Room" – ein Fördermittel für blinde und mehrfachbehinderte Kinder

Bitte fordern Sie ein kostenloses Probeheft an bei

Ernst Reinhardt Verlag
Postfach 38 02 80
80615 München
Tel.: (089) 178016-0
Fax: (089) 178016-30
Net: www.reinhardt-verlag.de
Mail: info@reinhardt-verlag.de

Ernst Reinhardt Verlag München Basel

Beiträge zur Frühförderung interdisziplinär

Band 1

Familienorientierte Frühförderung

Dokumentation des 6. Symposiums Frühförderung Hannover 1991

Herausgegeben von der Vereinigung für Interdisziplinäre Frühförderung e.V.
1991. 155 Seiten. (3-497-01239-4) kt

Frühe Hilfen für behinderte und entwicklungsauffällige Kinder sind darauf angewiesen, die Familien einzubeziehen. Ohne diese Familienorientierung sind therapeutische Anstrengungen „am Kind" weitgehend vergeblich. Die Einbeziehung der Familien in die Bemühungen, Kindern bei ihrem „Lebensstart unter kritischen Bedingungen" zu helfen, umfaßt dabei ein weites Spektrum von Anliegen, das im vorliegenden Band in ausführlichen Beiträgen ausgebreitet wird.

Band 2

Klaus Peter Herberg, Hedi Jantsch, Carla Sammler

Frühförderung im Team

Förderverläufe aus der Sicht von Eltern und Fachkräften

Mit einem Geleitwort von Otto Speck
1992. 204 Seiten. (3-497-1274-2) kt

In diesem Buch werden konkret Förderprozesse anhand von elf Einzelbeispielen beschrieben. Die Förderverläufe zeigen erstmals in einer Gesamtsicht, welche Kette von Diagnose-, Behandlungs- und Fördermaßnahmen die Familie mit den unterschiedlichsten Fachkräften aus Kliniken, Frühförderstellen, medizinisch/therapeutischen Praxen, Kindergärten und anderen Einrichtungen verbindet. „In den Berichten werden sich Eltern in ihren familiären Problemen, Sorgen und Hoffnungen wiederfinden..." (Otto Speck)

Ernst Reinhardt Verlag München Basel

Beiträge zur Frühförderung interdisziplinär

Band 3

Früherkennung von Entwicklungsrisiken

Dokumentation des 7. Symposiums Frühförderung Tübingen 1993

Herausgegeben von der Vereinigung für Interdisziplinäre Frühförderung e. V.
1993. 155 Seiten. (3-497-01301-3) kt

Wirksame Prävention von Gefährdungen in der kindlichen Entwicklung braucht Früherkennung. Früherkennung ist die Handlungsgrundlage der Frühförderung. Dieser Band faßt in einem breiten Spektrum ausführlicher Beiträge und instruktiver Kurzbeiträge den fachlichen Stand der Früherkennung zusammen und gibt Impulse für die theoretische und praktische Weiterentwicklung.

Band 4

Frühförderung und Integration

Beiträge vom 9. Symposion Frühförderung in Köln 1997

Hrsg. von der Vereinigung für Interdisziplinäre Frühförderung e.V.
1998. 128 Seiten. 6 Abb. (3-497-01462-1) kt

Frühe Therapie und Förderung behinderter Kinder sind lange verstanden und propagiert worden als „Königsweg" der Integration Behinderter. Wie aber wird „Integration" von der Frühförderung verstanden? Was fördert, was hemmt die Integration bei den Kindern, bei ihren Eltern und Familien, und schließlich bei der Frühförderung selbst als einem System früher Hilfen? Die Beiträge des vorliegenden Bandes analysieren und reflektieren Prozesse der Frühförderung unter integrativem Anspruch. Sie befassen sich mit der Frühförderung als System, mit spezifischen Merkmalen von Therapie und Förderung, mit besonderen Situationen, z. B. frühgeborener, hörgeschädigter oder schwerstbehinderter Kinder und deren Familien, und thematisieren auch die gesellschaftlichen Strömungen, die Integration gefährden.

Ernst Reinhardt Verlag München Basel

Otto Speck
Die Ökonomisierung sozialer Qualität

1999. ca. 240 Seiten. (3-497-01502-4) gb

Sozial- und Gesundheitseinrichtungen werden eingekeilt zwischen Sparzwang und „ISO 9000 für alle". Der renommierte Heilpädagoge Otto Speck liefert eine wohltuend fundierte und differenzierte Argumentation. Ein überzeugendes Plädoyer für soziale Qualität trotz ökonomischen Drucks. Auf der einen Seite geht es um eine qualitative Weiterentwicklung der fachlichen Arbeit und um eine Sicherung der Lebensqualität für Menschen, die Hilfe brauchen; auf der anderen Seite werden ökonomisierende Tendenzen bis in die Basis dieser Arbeit wirksam, so daß das bisher gültige Menschenbild in Frage steht. Ist der Sozialstaat wirklich am Ende? Müssen soziale Dienstleistungen wirklich gekürzt werden, um qualitativ besser zu werden?

Franz Peterander, Otto Speck (Hrsg.)
Qualitätsmanagement in sozialen Einrichtungen

1999. ca. 304 Seiten. ca. 29 Abb. ca. 7 Tab. (3-497-01503-2) gb

Total Quality Management, Evaluation, Wissensmanagement, lernende Organisation – diese Schlagworte sind aus Management und Betriebswirtschaft hinreichend bekannt. Auch soziale Einrichtungen werden zunehmend von betriebs- und marktwirtschaftlichen Konzepten bestimmt. Dabei sollen aber ethische und praktische Normen und Standards sozialer Arbeit erhalten bleiben. In dieser Situation suchen Trägerverbände und Organisationen nach Rat und Entscheidungshilfen. Was können Qualitätsmanagement-Systeme leisten? Wie kann man sie in sozialen Einrichtungen anwenden?

Die Beiträge dieses Buches stellen grundlegende theoretische Konzepte des Qualitätsmanagements vor. Die Umsetzung praktischer Erfahrungen wird an anschaulichen Beispielen in den Bereichen der Frühförderung, Kindergärten, Erziehungsberatung, Werkstätten der Behindertenhilfe und Altenheimen erläutert.

Ernst Reinhardt Verlag München Basel

Walter Straßmeier
Frühförderung konkret
260 lebenspraktische Übungen für entwicklungsverzögerte und behinderte Kinder

4., aktual. Auflage 1997. 289 Seiten. Zahlr. Illustrationen. (3-497-01433-8) kt

Ein bewährtes, instruktives Arbeitsbuch zur Frühförderung. Die Förderanregungen ermöglichen eine gezielte erzieherische und therapeutische Arbeit mit entwicklungsverzögerten und behinderten Kindern im Alter von 0 bis 5. Zu jeder Aufgabe werden Ziel, Material, methodisches Vorgehen und Querverbindungen detailliert beschrieben.

Klaus Sarimski
Interaktion mit behinderten Kleinkindern
Entwicklung und Störungen früher Interaktionsprozesse

1986. 128 Seiten. (3-497-01105-3) kt

Dieses Buch analysiert, wie die frühe Interaktion zwischen Kindern und Eltern beeinträchtigt wird, wenn das Kind zu früh geboren ist, blind, hörgeschädigt, körperlich und geistig behindert ist. Solch eine Analyse ist wichtiger Bestandteil einer sorgfältigen psychologisch-pädagogischen Untersuchung eines entwicklungsgestörten Kleinkindes. Anschließend wird aufgezeigt, wie die Förderung günstiger Eltern-Kind-Interaktionen in die Therapieplanung eingebunden werden kann.

Edith Müller-Rieckmann
Das frühgeborene Kind in seiner Entwicklung
Eine Elternberatung

Mit einem Geleitwort von Prof. Dr. Otwin Linderkamp
2. aktual. Auflage 1996. 133 Seiten. (3-497-1400-1) kt

Wie wichtig es ist, während und nach der Betreuung von Frühgeborenen gerade die Eltern gezielt zu beraten, zeigt die Autorin in eindringlicher Weise anhand eines erprobten Präventiv-Modells: Eltern werden informiert und beraten in psychosomatischer, psychosozialer, entwicklungspsychologischer und frühpädagogischer Hinsicht. Eltern, die nach dem interdisziplinären, kombinierten Modell beraten wurden, gewinnen früh Vertrauen in die ihnen bevorstehende Verantwortung. Durch rechtzeitige stationäre Anleitung konnten sie nach dem Klinikaufenthalt des Frühgeborenen das gemeinsame Eingewöhnen in das veränderte Zuhause besser vorbereiten und bewältigen. Speziell für die Eltern wurde ein Beobachtungsbogen entwickelt, anhand dessen die Entwicklung des frühgeborenen Kindes auch über Monate und die ersten Jahre hinweg festgestellt werden kann. Angebote für Hausbesuche und ambulante Betreuung runden das Präventivprogramm ab.

Ernst Reinhardt Verlag München Basel

Otto Speck, Andreas Warnke (Hrsg.)
Frühförderung mit den Eltern
(Behindertenhilfe durch Erziehung, Unterricht und Therapie; 13)
2. Auflage 1989. 240 Seiten. (3-497-01172-X) kt

Die besonderen Chancen der frühen Hilfe für Risikokinder liegen in der Vorbeugung von Behinderungen bzw. in der Reduzierung möglicher Auswirkungen von Schädigungen. Die Eltern spielen bei dieser Aufgabe eine zentrale Rolle. In der Zusammenarbeit zwischen ihnen und den Fachleuten der verschiedenen Disziplinen liegt der Schlüssel zum Erfolg jeglicher Frühförderung. In diesem Buch werden die Bedeutung, die Probleme und die Möglichkeiten dieser Zusammenarbeit von erfahrenen Fachleuten und von Eltern dargestellt.

Franz Peterander, Otto Speck (Hrsg.)
Frühförderung in Europa
1996. 178 Seiten. (3-497-01379-X) gb

Dieses Buch zeigt, daß es in ganz Europa eine Vielfalt an Konzepten und Initiativen zur Frühförderung gibt, und möchte zum Blick über den Tellerrand anregen: Welche Vorstellungen von Frühförderung haben unsere europäischen Nachbarn? Gibt es dort Ansätze, die unsere Frühförderarbeit bereichern könnten? Der Leser findet in diesem Buch – erstmalig in einem Band zusammengestellt – vielfältige Informationen, erprobte Konzepte und neue Forschungsergebnisse aus europäischer Perspektive. Die von Pädagogen, Psychologen und Medizinern diskutierten Themen wollen nicht nur Fachdiskussionen anregen, sondern besonders auch den Blick für neue Wege öffnen.

Hildegard und Alfred Zuckrigl, Hans Helbling
Rhythmik hilft behinderten Kindern
Ziele und Realisationsbeispiele aus der Praxis psychomotorischer Erziehung

4. Aufl. 1999. 112 Seiten. 15 Abb. (3-497-01477-X) kt

Als grundlegendes Prinzip ist Rhythmus unser Lebenselement und basale Erfahrung. Kinder, insbesondere auch behinderte Kinder, sind ansprechbar auf rhythmische Klänge, rhythmisches Sprechen und Bewegen. Rhythmik als ganzheitliche Erziehung durch Bewegung fördert das Zusammenspiel von Körper, Geist und Psyche. Wie dies in der therapeutischen Praxis realisiert wird, zeigen die Autoren auf ihre bewährte, anschauliche Weise in zahlreichen Beispielen.

Ernst Reinhardt Verlag München Basel